以色列与中国

从丝绸之路到创新高速

ISRAEL AND CHINA: FROM SILK ROAD TO INNOVATION HIGHWAY

【以色列】莱昂内尔·弗里德费尔德 Lionel Friedfeld
【以色列】马飞聂 Philippe Metoudi ◎著

彭德智 ◎译

人民出版社

责任编辑:刘　恋
封面设计:孙文君
责任校对:吕　飞

图书在版编目(CIP)数据

以色列与中国:从丝绸之路到创新高速/(以)莱昂内尔·弗里德费尔德,
(以)马飞聂 著;彭德智 译. —北京:人民出版社,2016.5
书名原文:Israel and China:From Silk Road To Innovation Highway
ISBN 978－7－01－016271－3

Ⅰ.①以… Ⅱ.①莱…②马…③彭… Ⅲ.①国际合作-经济合作-研究-
中国、以色列 Ⅳ.①F125.5382

中国版本图书馆 CIP 数据核字(2016)第 112507 号

以色列与中国:从丝绸之路到创新高速
YISELIE YU ZHONGGUO CONG SICHOUZHILU DAO CHUANGXIN GAOSU

[以]莱昂内尔·弗里德费尔德　　[以]马飞聂　著　彭德智　译

人民出版社 出版发行
(100706　北京市东城区隆福寺街 99 号)

北京盛通印刷股份有限公司印刷　新华书店经销

2016 年 5 月第 1 版　2016 年 5 月北京第 1 次印刷
开本:710 毫米×1000 毫米 1/16　印张:14.75
字数:170 千字

ISBN 978－7－01－016271－3　定价:58.00 元

邮购地址 100706　北京市东城区隆福寺街 99 号
人民东方图书销售中心　电话 (010)65250042　65289539

ISRAEL
AND
CHINA

推荐语

探索以中关系核心的启蒙之旅。

——宋远方，中国人民大学研究生院副院长，经济学教授

这本书记录了以色列与亚洲之间自公元 1 世纪以来的贸易关系，以及在当今自由贸易全球化影响下的、以创新为导向的市场行为对双方关系的促进。弗里德费尔德和马飞聂两位作者令人信服地让我们看到货物与主意的自由交换如何促进了经济的发展。

——兹维·埃克斯坦，以色列 IDC 大学商学院与经济学院院长；以色列央行前副行长

整个亚洲，尤其是中国，将在以色列未来的经济发展中扮演重要角色。这本书对那些渴望发展和增强中以关系的人们作出了积极的贡献。学习和了解过去是建设一个美好未来的关键！我再次祝贺两位作者为广大读者了解以色列和亚洲，尤其是与中国的复杂关系带来了全新的视角和观点。

——丹·卡塔里瓦斯，以色列驻北京大使馆第一任经济参赞；以色列制造业协会

会长虽然没有出现在许多头条新闻中，中国和以色列在最近几年已经建立了非常密切的经贸关系。本书对中以经贸关系的性质和发展提供了详细的总结和分析，是一本不可或缺的参考书。

——齐迈可，现任南加州大学中美研究中心资深学者；原 CNN 北京记者站站长及 CNN

ISRAEL AND CHINA
以色列与中国

亚洲资深记者

　　这本书是对中以关系言简意赅的概述，对我们这些刚开始了解以色列和亚洲国家复杂关系的人来说，尤其有用。

　　——雅克·贝里内布劳，教授，美国乔治城大学埃德蒙沃尔什外交学院犹太研究项目主任

　　这本杰出的书为读者展现了一个对历史的概述，可以追溯到 3000 年前，以色列、犹太人民和亚洲大陆之间的联系。毫无疑问，这本书将会增强现阶段乃至未来双边在文化、经济和科技方面的关系。

　　——戴维·哈拉里博士，以色列奖获得者；世界无人机之父；原以色列航空航天公司欧洲分公司经理

　　这本书是任何对以色列经济奇迹有兴趣的群体的必读书。它开始于揭示历史上犹太人在亚洲的一些鲜为人知但神奇无比的故事并结束于当今以色列在亚洲经济中日益增长的地位的深度阐述。我强烈推荐这本书。

　　——巴里·托普夫，现任世界货币基金组织顾问；曾任以色列央行货币政策委员会委员及时任行长斯坦利·费希尔（现任美联储副主席）首席顾问

　　以色列是世界科技界的一个奇迹，其初创公司/专利拥有和研究成果数量惊人——结果导致大多数领先的美国高科技公司都在以色列建立了研发中心并获益匪浅。随着亚洲经济的令人难以置信的崛起，现在显然是亚洲和中国企业加入以色列科技生态系统以实现更大的创新和业务影响的时机。这本书是任何对此领域有兴趣的人的必读书籍。

　　——约勒·马瑞克，博士，雅虎以色列实验室副总裁；美国计算机协会（ACM）会员；基于用户行为分析搜索引擎的发明者；以色列理工校董

推荐语

任何想了解以色列和中国之间的新兴联系的人都应该从这本书开始。马飞聂和弗里德费尔德两位作者对为什么这个双边关系会有一个坚实的未来作出了令人信服的解释。

——理查德·施瓦茨，East3rd Ltd. 总监，《全球金融市场报》资深记者及评论员

这是两个具有悠久文化和经济发展史的社会，它们在很多方面截然相反，但同时又在很多方面有着千丝万缕的联系。正是这些不同和共性为这两个经济和工业系统提供了巨量的燃料。这本书是理解从这种特殊双边关系产生并将继续产生巨大机会的不可或缺的工具。

——米切尔·西尔克，美国 Allen & Overy 律师事务所合伙人及美中业务负责人；北京大学、上海外国语大学及深圳大学讲师

**ISRAEL
AND
CHINA**

序　言

在过去几十年里，中国经济以前所未有的速度保持高速增长，现在已经成为世界经济增长的驱动力之一。

为了进一步拓展国际市场，提高与其他领先国家竞争的能力，中国已经把创新作为发展战略核心，其竞争优势达到历史新高。

以色列创新能力极其出色，以色列国作为全球技术强国的地位，已经得到世界认可。

中国与以色列之间源远流长的历史和文化联系，最初诞生于在丝绸之路沿途的相互交流中，并孕育出成功的商业机会。今天，在全球化和高科技的现代舞台上，中国和以色列再度合作，一起走上创新高速公路，两国的互补优势将有利于双方的战略举措。以色列为中国带来独一无二的研究和创新能力，中国则为以色列提供资金实力和无与伦比的运营能力。

《以色列与中国：从丝绸之路到创新高速》是探索以中关系核心的启蒙之旅。

——中国人民大学研究生院副院长　经济学教授　宋远方

作者的话

15 年以前，在 1999 年的一个周五的晚上，我们两人在香港犹太教莉亚堂相识。那个时候，谁也不知道，十多年后，我们两个专攻企业融资和资产管理的银行家会在 2015 年夏天写一本书，阐述中国与以色列之间的新型商业伙伴关系。

谁能够想到，以色列会成为全球创新技术强国呢?

谁能够预见，中国在如此短的时间内变得如此强大呢?

我们之所以将本书命名为《以色列与中国：从丝绸之路到创新高速》，是因为以色列与中国在商业领域的合作绝非凭空而来，而是历史悠久、意义深远。对此，我们将在本书中进行阐述。

以中关系的成功是许多因素发挥作用的结果，其中包括历史、文化和精神追求。中国重提"升级版"的丝绸之路——最重要的历史符号之一，象征着以中关系在今天的延续，涵盖了以色列的创新科技实力，即信息高速公路。

我们的大部分事业在亚洲建立，我们大部分生活也在亚洲，所以亚洲的历史、传说和成功故事已经融入我们的生活方式。与此同时，作为犹太人，我们仍然深深扎根于以色列土地。我们希望从商业、传统和创新这几个重要指标，以独特的方式，准确描述千百年来的以色列—中国关系。

　　在撰写本书的过程中，我们得到了家人、朋友和顾问的大力帮助，他们花时间阅读、纠正和完善手稿，与我们分享他们的看法。在此我们表示诚挚的感谢。

　　我们非常享受写书的过程，希望您在阅读的时候也感受到同样的快乐。

莱昂内尔·弗里德费尔德

马飞聂

2015 年 7 月

目录

推 荐 语 / 001

序　　言 / 005

作者的话 / 007

引　　言 / 001

第 一 篇　以色列的亚洲历史渊源回顾以及
　　　　　20 世纪 50 年代以来以色列国与亚洲各国的关系 / 005

　　第一章　亚洲历史上的犹太人口 / 007
　　　　　　中国的犹太人口 / 007
　　　　　　印度的犹太人口 / 018
　　　　　　新加坡的犹太人口 / 022
　　　　　　日本的犹太人口 / 024
　　　　　　韩国的犹太人口 / 026
　　　　　　缅甸的犹太人口 / 026
　　　　　　印度尼西亚的犹太人口 / 028
　　　　　　菲律宾的犹太人口 / 030
　　　　　　泰国的犹太人口 / 032
　　　　　　中南半岛的犹太人口(越南、老挝、柬埔寨) / 033
　　第二章　亚洲的杰出犹太人 / 035
　　　　　　沙逊家族和嘉道理家族:东方的罗斯柴尔德 / 035

亚洲杰出犹太人代表／044

第三章 以色列建国和20世纪50年代以来以色列—亚洲关系的发
展历程／053
亚洲对独立前以色列的影响／053
20世纪50年代后以色列—亚洲关系的发展
历程／056

第 二 篇　世界创新中心以色列／071

第四章 以色列的基因:科学、技术和创新／073
孕育创新／073
以色列的创新及国际认可／082

第五章 以色列的高科技产业及杰出行业／089
以色列高科技产业的创立与发展历程／089
以色列先进的高科技行业／099

第六章 以色列创新生态系统的成功秘诀／100
政府和公共支持／100
技术人力资源／109
技术基础设施／113

第七章 以色列在亚洲投资者发展蓝图上的位置／116
费希尔效应／117
天然气效应／121
中国的标志性交易／124

第 三 篇　亚洲商业中心／131

第八章 亚洲企业在以色列的商业活动／133
中国企业在以色列／134
新加坡、韩国、印度、日本企业在以色列／147

目　录

第九章　以色列企业在亚洲 / 155

　　　　以色列与亚洲国家的贸易情况 / 155

　　　　以色列企业和机构在亚洲 / 158

　　　　小即是美 / 166

第十章　塑造中以双边关系的三大支柱:商业、旅游、精神
　　　　追求 / 171

　　　　商业是开门匙 / 171

　　　　旅游让双边关系更加友好 / 172

　　　　精神追求:寻找智慧,孜孜不倦 / 175

第十一章　以色列、中国和亚洲:展望未来 50 年 / 183

　　　　现有的合作关系 / 184

　　　　基础设施建设 / 186

　　　　地缘政治 / 188

　　　　旅游业 / 189

　　　　教育与价值观交流 / 190

结　语 / 192

附　录　以色列的高科技卓越行业 / 194

参考文献 / 218

译后记 / 222

ISRAEL
AND
CHINA

引言

　　犹太人每年都会过逾越节①，纪念在古埃及受奴役的犹太人得到解放。过节的时候，犹太人都会说："想知道自己该往何处走，必须知道自己从何处来。"从这句话可知历史的重要性，历史就是理解过去和未来的指南针。这根指南针也会引导我们理解把以色列和亚洲国家结合在一起的深厚关系。

　　人们常常误以为以色列地处中东，事实上它的地理位置就在亚洲大陆，准确地说是位于西亚，在地中海东南部海岸。以色列正处于这个具有战略意义的位置上，是亚洲的重要组成部分，长期以来得到亚洲各国的优待。在古代以色列王国②和犹大王国③没落之后，犹太人民被迫四处流散。公元前586年，巴比伦皇帝尼布甲尼撒二世毁掉耶路撒冷圣殿；公元70年，耶路撒冷圣殿再次被罗马皇帝提图斯摧毁，大部分犹太人迁移到巴比伦（美索不达米亚地区，现为伊拉克），也有一些流散到地中海盆地、中

---

① 逾越节：又称酵节、巴斯卦节，是犹太教的主要节日之一。逾越节是犹太历正月十四日白昼及其前夜，是犹太人的新年。——编者注

② 以色列王国：公元前10世纪—公元前722年。——编者注

③ 犹大王国：公元前10世纪—公元前6世纪。所罗门死后，以色列统一王国分成南北两个国家，北方称以色列王国，南方称犹大王国。——编者注

亚和印度河流域。在这些地方，犹太人继续经商，在各国之间从事商品贸易。

丝绸之路在中国汉代（前206—220）开辟，对东西方各国贸易与交流产生了重要影响。在这段黄金时期，东西双方通过丝绸之路进行各类商品贸易，包括丝绸、香料、珠宝和香水。犹太人开始在丝绸之路沿途城市定居之后，犹太商人便走在东西方贸易前列。后来，欧洲殖民帝国从16世纪到20世纪在全球扩张殖民地，包括西班牙（菲律宾）、葡萄牙（日本、印度港口和中国澳门）、荷兰（印尼）、英国（印度、中国香港、新加坡、缅甸）和法国（印度支那），也促进国际贸易迅速发展。这一轮殖民扩张比其他任何因素更能加快犹太人社团在亚洲地区的流散。

亚洲的犹太人口逐渐增加，他们融入客居国当地人的生活，成功创立大型的商业团体，成为当地文化和政治生活的重要组成部分。比如说，香港的嘉道理家族来自巴格达，在18世纪中期，他们在印度站稳脚跟后，移居香港，同样事业有成。他们创立的半岛酒店集团和中电控股集团，分别是亚洲最大的豪华酒店品牌和电力供应集团。亚洲犹太社团还涌现出许多卓越人士，例如1955年成为新加坡第一任首席部长的戴维·马歇尔（David Marshall），他们在政界写下了浓墨重彩的一笔。亚洲犹太人也通过捐助慈善组织对亚洲基础设施发展作出重要贡献。印度的沙逊家族（Sassoon Family）也是伊拉克血统，他们出资建造了孟买著名的历史建筑，其中沙逊码头建于1875年，戴维·沙逊（David Sasson）图书馆也是建于19世纪中叶。

1948年以色列建国后，以色列国能够与许多亚洲国家建立友好合作关系，离不开犹太人和亚洲人民共享的深厚历史渊源所打下的基础。以色列与亚洲的关系源于过去的紧密联系，以丝绸之路为象征，演变成现在的技术战略伙伴关系，我们将其称为创新高速。

本书分析了以色列与亚洲各国的战略合作关系，首先是基于以色列的创新技术能力，以及亚洲作为全球商业中心的地位，同时也得到历史、文化和精神追求等因素的有力支持。我们介绍了一些重大商业交易和经济要素，由此可见以色列已经出现在亚洲投资者的投资蓝图上。我们还重点介绍了几个主要亚洲投资者（主要是中国、印度、新加坡、韩国、日本）在以色列的投资活动。我们也探讨了以色列参与亚洲经济建设的方式。最后，我们拿出自己的"水晶球"，以期展望未来五十年里的以色列—亚洲关系。感谢各位读者与我们一起走进这一段极其迷人的旅程。

第一篇

以色列的亚洲历史渊源回顾以及 20 世纪 50 年代以来以色列国与亚洲各国的关系

第一章
亚洲历史上的犹太人口

中国的犹太人口

英联邦首席拉比正式访问中国期间，一位中国高层官员曾经问他世界上有多少犹太人口。他的回答非常经典，同时又生动地反映了事实。他说："犹太人的数量恐怕还比不上中国人口普查的统计误差！"

然而，中国和中国犹太人之间有一段丰富的共同历史。据记载，早在公元2世纪中国就出现了犹太人。犹太商人在中国和其他国家来回往返，购买中国的商品销往其他国家，其中有些犹太人在丝绸之路沿途长期定居下来。犹太人口广泛分布在中国各地，从北京、开封、上海、哈尔滨、天津、海拉尔、横道河子、沈阳、齐齐哈尔到香港，他们紧跟中国的政治和经济气候四处迁移。

一、中国古代的犹太人口

早在公元2世纪，流落异乡的犹太人开始大规模向世界各地流散。大部分犹太人迁移到巴比伦（今伊拉克），但是他们也流散到地中海盆地、中亚和印度河流域。在这段时期以及汉明帝（28—75）年间，许多犹太人从波斯辗转来到中国。因此，现在普遍认为，中国犹太人属于古代以色列和犹大王国遗失部落的后裔。

犹太商贾与中国的商贸关系非常繁荣。汉代（前206—220）开辟的丝绸之路对促进中以人民的友好交往发挥了重要作用。丝绸之路是一个庞大的交通网络，一开始作为通商道路帮助中国把丝绸卖到西方国家。斗换星移，其他商品市场陆续出现，这个贸易道路网络便成为东西方经济、政治和文化交流的催化剂和象征。

附录1分别是陆上丝绸之路和海上丝绸之路；古代大卫王国、所罗门王国、以色列王国和犹大王国疆域图；流亡犹太人的迁徙模式。

越来越多犹太商人开始在丝绸之路沿途城市永久定居，他们在中国兴建住所，长期居住下来。无数史料记录了犹太人在中国的早期活动，包括书籍、信件、官方文件等。1901年，匈牙利裔的英国考古学家马克·奥雷尔·施泰因爵士（Sir Marc Aurel Stein，1862—1943）在新疆丹丹乌里克遗址①（中国西北地区）发现了一封写于718年的商业信件，这封信用犹太波斯语写在纸

古代中国犹太人

———————————

① 丝绸之路上要塞。——原注

张①上，现存于大英博物馆。870 年，波斯地理学家伊本·胡尔达兹比赫（Ibn Khordadbeh，820—912）在《各国道路汇总》（*Book of Roads and Kingdoms*）一书中介绍了"拉特纳犹太人"（Radhanites）②。拉特纳犹太人就是经由丝绸之路到达中国的犹太商人，他们的存在促进了中国造纸术在西方的传播。元朝末年（1329—1354），居住在中国首都北京的犹太人越来越多。威尼斯探险家马可·波罗（1254—1324）在《马可·波罗游记》中记录了为数众多的犹太商人在北京经商。

二、开封的犹太人口

几百年后，在北京传教的意大利耶稣会士利玛窦（1552—1610）第一次见到开封犹太人，在中国定居的犹太人口才第一次为欧洲人所知。开封市位于中国中东部，现在属于河南省，曾经是中国最早、规模最大的犹太人定居点。据官方记载，唐代（618—907）时开封已有犹太人居住，宋代（960—1127）和明代（1368—1644）犹太人口有所增加。

开封是北宋首都，也是丝绸之路的主要贸易中心。公元 7 世纪，京杭大运河开通，开封与中国内陆交通体系的主干道连通，促进商业贸易进一步繁荣发展。

开封犹太人数量逐渐增加，并于 1163 年兴建犹太教会堂。有三块分别标记 1489 年、1512 年和 1663 年的石板或石碑，上面记载了开封犹太人社区在开封的历史。石碑上的文字记录了一些重要的历史事实：犹太人口在

---

① 当时懂得造纸术的国家只有中国。——原注
② 在欧洲、北非和亚洲主要商业通道经商的中世纪犹太人。——原注

汉代从印度来到中国；70 个犹太家族获得中国姓氏；犹太教会堂的建成和重建的纪念活动；宋代皇帝曾召见开封犹太人；在中国军队的犹太军人"对国家无比忠诚"。

11 世纪是开封经济和政治繁荣的黄金时代。随后，由于开封毗邻黄河，城市多次遭到洪水侵袭，开始出现衰落。金宋战争爆发后，宋高宗逃往南方，重新建都于中国东部城市杭州，导致开封人口数量进一步下降。许多效忠的开封犹太人社团跟随皇帝迁往南方。

开封犹太人

1910 年的开封土市街（Earth Market Street），开封犹太教会堂所在地

留在开封的犹太人最终生存了下来，虽然他们远离其他犹太人社团，但是他们在几个世纪之后仍然保留了一些犹太传统。18 世纪、19 世纪和 20 世纪，犹太祭司、学者、商人和游客到开封寻访犹太人社区遗址。1860 年，洪水和大火摧毁了开封最后一座犹太教会堂，犹太人社区便从此消失了，仅留下为数不多的开封犹太人，他们成为犹太人社区丰富历史的见证。

三、哈尔滨的犹太人口

俄国在入侵中国东北后（1894—1895），许多犹太人在 19 世纪末涌入中国东北的哈尔滨市。俄国在中国东北修建中东铁路，作为泛西伯利亚铁路的延长线贯穿中国东北，许多俄国犹太人经由中东铁路来到中国，逃离沙俄的反犹主义威胁和贫困。为了在中国东北建立某种形式的立足点，沙皇允许俄国犹太人在该地区自由生活。犹太人便在哈尔滨市内和周边东北村镇定居了下来。

铁路让东北边疆地区发展起来，也创造了商品和服务需求。哈尔滨的犹太移民开商店、面包房和餐厅，办报纸开银行，投资重工业，满足了哈尔滨繁荣的发展需求。在中国自由生活和赚钱的机会吸引了大批俄国犹太难民，20 世纪初期不断有犹太难民来到哈尔滨定居。到了 20 世纪 20 年代，犹太人社区人口数量达到高峰，大约为 2 万人。

以色列前首相埃胡德·奥尔默特（Ehud Olmert）的家人也是从俄国逃到哈尔滨的俄籍犹太移民。2004 年，埃胡德·奥尔默特前往哈尔滨拜祭祖父约瑟夫·奥尔默特（Joseph Olmert）。约瑟夫·奥尔默特于 1941 年去世，葬于哈尔滨犹太公墓。

哈尔滨犹太人社团对哈尔滨的政治、经济和文化生活产生了重要影响。在犹太人社团领袖亚伯拉罕·考夫曼（Abraham Kaufman）的多年领导下，俄国严令禁止的犹太复国主义（Zionism）在中国哈尔滨得以发展壮大。直到今天，在哈尔滨仍然可以见到许多犹太机构旧址。在中国政府的支持下，哈尔滨两所犹太教会堂得到重新整修，犹太教新会堂目前成为哈尔滨犹太历史和文化展览的重要特色。

虽然犹太社团人口仅占当时哈尔滨外国人口的 10%，但是他们控制了哈尔滨 50% 的商业贸易。犹太商人在哈尔滨创立多家大型企业，例如哈尔滨啤酒和哈尔滨化学。此外还有三十多家领先企业均为俄国犹太人所有，哈尔滨最大的两家银行是哈尔滨犹太国民银行和远东犹太商业银行。哈尔滨历史悠久的马迭尔宾馆由俄国犹太人约瑟夫·卡斯佩（Joseph Kaspe）

创办，酒店内配有餐厅、电影院和许多休闲设施，是当时哈尔滨的文化生活中心。

日本军队侵略中国东北之后，哈尔滨的犹太人口大幅度减少。到了第二次世界大战末期，许多无法逃到其他地区的犹太人被苏联军队遣返俄国，其余犹太人在二战后迁往以色列。

四、上海的犹太人口

第一次鸦片战争后，上海的犹太人口在 19 世纪下半叶急剧增加。在英国的保护下，许多中东犹太商人从印度来到中国上海。1850 年，埃利亚斯·戴维·沙逊（Elias David Sassoon）在上海为其父亲的沙逊洋行成立第一家分支。新成立的新沙逊洋行从老沙逊洋行进口各类产品到中国，包括面纱和鸦片，后者是当时最畅销的商品之一。

上海繁荣的经济气候，吸引了印度犹太人社区的几个家族到上海定居。1880 年，一位 15 岁的少年进入上海沙逊洋行任职，他就是后来著名的埃利斯·嘉道理爵士（Sir Ellis Kadoorie）。几年之内，他与家族其他成员创立了自己的工业帝国，投资领域覆盖橡胶种植、房地产、银行和公共事业。他既是商人，也是慈善家，于 1917 年授勋爵士。

上海经济的繁荣昌盛刺激了更多犹太人移民到上海发展。上海犹太教拉结会堂（又名西摩路会堂）①，是雅各布·埃利亚斯·沙逊（Sir Jacob E-lias Sassoon）在 1920 年出资建立的犹太教会堂。规模宏大的西摩会堂是上

---

① 拉结会堂是受政府保护的地标性历史建筑，并不经常使用，偶尔开放举行宗教仪式和特殊活动。——原注

海犹太社团到达黄金时期的证明，那时候上海犹太人口达到 3 万—4 万人。繁荣的犹太人社区是促进中国对外贸易蓬勃发展的重要因素之一。

20 世纪有两起历史事件，使上海犹太人口大量增加。20 世纪 30 年代，日本军队占领中国东北，许多在哈尔滨及黑龙江其他地区生活的俄国犹太人纷纷南下，来到繁荣的上海。与此同时，阿道夫·希特勒的纳粹政权在德国崛起，导致 2 万多犹太人逃离德国、奥地利、波兰和欧洲其他地区，来到上海寻求避难。那时候，上海被认为是犹太人的避风港，无须签证便可进入上海地区。

上海米尔耶希瓦学校（Mir Yeshiva）是研究犹太教典籍的机构（1941 年）

第二次世界大战结束后，上海大部分犹太人口移民到澳大利亚、英国、加拿大、印度、南非、以色列和香港。1998 年，在恰巴德·卢巴维奇运动①（Chabad-Lubavitch Movement）的领导下，沙洛姆·格林伯格（Shalom Greenberg）拉比定居上海，成为上海犹太社团的精神领袖。在格林伯格拉比的领导和许多机构的帮助下，上海的犹太人社区又再次繁荣起来。

上海犹太教拉结会堂

五、香港的犹太人口

第一次鸦片战争（1839—1842）之前，犹太商人已经在广州（中国广东省）和澳门（葡萄牙殖民地，现在是中国的特别行政区）设立办事处。鸦片战争结束后，中英签署《南京条约》，把香港主权转让给英国，许多

---

① 恰巴德·卢巴维奇运动是世界上规模最大的犹太正统派运动。20世纪下半叶在梅纳赫姆·孟德尔·施尼尔森（Menachem Mendel Schneerson）拉比的领导下得到加强。恰巴德运动的全球中心位于纽约，由摩西·科特拉尔斯基（Moshe kotlarsky）和门迪·科特拉尔斯基（Mendy Kotlarsky）两位拉比主持，以适应世界犹太人的需要。该运动在亚洲拥有广泛的网络，以香港为其基地，由莫迪凯·阿维特佐（Mordechai Avtzon）拉比主持，主要为亚洲地区犹太人社团和旅游者提供服务。——原注

犹太商人便把广州的业务转移到香港，建设新的港口。香港第一个犹太人社团成形于 1857 年，1870 年他们在荷里活道（Hollywood Road）建成一所犹太教会堂，其地位最终被 1901 年建成的犹太教莉亚堂（Ohel Leah Synagogue）① 所取代。犹太教莉亚堂位于罗便臣道（Robinson Road），是雅各布·沙逊爵士（Sir Jacob Sassoon）为了纪念母亲莉亚女士捐资兴建的。1904 年，嘉道理家族成立了犹太俱乐部。

沙逊家族和嘉道理家族常被誉为"东方的罗斯柴尔德"，他们是香港犹太人社区的领袖。阿瑟·沙逊（Arthur Sassoon）是香港上海银行（汇丰控股公司）首届董事会成员之一。埃利斯·嘉道理爵士投资成立香港上海大酒店有限公司，旗下拥有豪华酒店品牌半岛酒店。他投资的中华电力有限公司是香港最大的发电厂。

到 1954 年，香港的犹太人口从 1860 年的六十余人（大部分是西班牙系塞法迪犹太人）增加到 250 人（一半是塞法迪犹太人，一半是德系阿什肯纳兹犹太人）。第二次世界大战之前，香港犹太人社团规模较小，主要原因是许多犹太商人都被吸引到上海。然而，20 世纪 60 年代之后，香港发展成为全球贸易和金融中心，吸引了成千上万来自世界各国的犹太侨民。香港犹太社团开始发展起来，犹太人人口超过 5000，生活基础设施也逐步完善，建成了许多著名的犹太机构，包括犹太教社区中心、犹太教国际学校、艾尔莎中学、七所犹太教会堂、恰巴德·卢巴维奇教派的亚洲总

---

① 犹太教莉亚堂是香港犹太社团的核心，目前驻堂拉比是亚设·奥泽（Asher Oser）。犹太教莉亚堂曾于 1996—1998 年重修，其后得到联合国教科文组织亚太区 2000 年文物古迹保护奖的优越项目奖。——原注

部、犹太餐厅（Kosher）和一座犹太教图书馆。

1920 年左右的香港犹太教莉亚堂

六、台湾的犹太人口

犹太人出现在台湾是比较近的事情，始于 20 世纪 50 年代。1975 年，艾恩宏（Ephraim Einhorn）被任命为台湾大拉比，以满足台湾日益增长的犹太商业社区。今天，台湾犹太社主要由美国、法国和以色列侨民构成，数量大约为 400 人，他们通常在一些酒店的设施内举办活动。

印度的犹太人口

印度历史上容纳了世界上最古老、最多元的犹太社团之一，包括科钦世代流传的犹太社团、古代部落本尼以色列（Bene Israel）和来自巴格达的犹太商社团。印度的犹太历史极其丰富，除了上述几个社团，印度还有许多不太著名的犹太部落，他们也遵守犹太教仪式，例如本尼玛拿西（Bene Menashe）和本尼以法莲（Bene Ephraim）部落。印度犹太人社团人口曾经高达 7 万人，在以色列 1948 年建国之后，大部分印度犹太人移民到了以色列。

一、科钦犹太人

据说，印度最早的犹太居民在公元前 586 年巴比伦皇帝尼布甲尼撒二世毁掉耶路撒冷圣殿后逃到了印度南部的科钦（喀拉拉邦），他们大部分来自犹太王国。公元 70 年，罗马皇帝提图斯摧毁第二圣殿之后，很快便有更多的犹太人流入印度。他们在科钦附近的古代港口克兰甘诺尔安家立业。当地的统治者，印度克兰甘诺尔酋长将一位犹太商人约瑟夫·拉班（Joseph Rabban）封为"科钦犹太亲王"。同时，他们还赋予他许多房产和赋税权力。这些故事记录在一块约 1000 年铭刻的铜板上。最初来到科钦的犹太人被称为马拉巴（Malabar）犹太人，或者"黑犹太人"。他们在 1200

年兴建了一所犹太教会堂，那时候犹太社区经济增长很快，繁荣昌盛，大部分犹太人从事商业和贸易，经营商品和香料生意，尤其是辣椒买卖。

赋予犹太商人约瑟夫·拉班土地的印度铜板文字（1000 年）

1492 年和 1496 年，西班牙和葡萄牙分别驱逐犹太人，随后另一群犹太人迁移到科钦。这个犹太社团称作帕拉德锡（Paradesi）犹太人，或者"白犹太人"。凭借强大的语言能力，他们与欧洲建立和保持繁荣的贸易联系，同时向马拉巴犹太人学习犹太—马拉雅拉姆语。1568 年，这些犹太商人在科钦兴建帕拉德锡犹太教会堂。1968 年，印度发行纪念邮票，庆祝这一重要历史建筑建成 400 周年。今天，帕拉德锡犹太教会堂是印度联邦仍然使用的最古老的犹太教堂。

1900 年的印度科钦犹太人

科钦最古老的犹太教会堂建于 1344 年，图为会堂刻字

二、本尼以色列

本尼以色列被认为是印度最古老的犹太社团之一，他们相信自己属于犹太王国遗失的部落。在亚洲各国辗转几个世纪之后，他们来到印度，一开始在印度西岸的康坎地区居住，后来迁移到孟买、浦那、加尔各答、艾哈迈迪巴德和卡拉奇。

在最鼎盛时期，该社团人口高达 2 万人，其中很多人在英国殖民机构任职，在当时刚刚萌发的电影行业担任导演、制片人和演员。孟买曾经有非常庞大的犹太人口，直到 1960 年大部分移民到以色列。今天仍然有犹太人留在孟买，虽然人数不多，他们在孟买却非常活跃。

三、巴格达犹太人

约瑟夫·塞马赫（Joseph Semah）是第一位来自巴格达的犹太人，他于 1730 年抵达苏拉特（古吉拉特邦）。随后，其他巴格达犹太人也迁往印度，在孟买定居。在孟买，他们建立了一所犹太教会堂和其他社区设施。孟买的犹太人口主要由成功的客商和贸易商构成。沙逊家族是其中最显赫的巴格达家族之一，家族创始元老戴维·沙逊于 1832 年离开巴格达迁往孟买定居，然后将几个儿子派往亚洲各地（新加坡、澳门、缅甸、广州、日本、上海和香港）开设沙逊洋行分支。沙逊家族对印度基础设施建设贡献很大，出资兴建了多个重要慈善项目，包括著名的沙逊码头和戴维·沙逊图书馆。

孟买埃利亚胡犹太教会堂（约 1900 年）

新加坡的犹太人口

1819 年，斯坦福德·莱佛士爵士代表英国东印度公司与柔佛州苏丹侯赛因国王签订一份协议，在新加坡开设英国贸易处及贸易港口。新加坡港口优越的地理位置吸引了印度巴格达犹太商人的视线，他们很快迁到新加坡安置新家。1840 年，印度的沙逊家族在新加坡开设了一个代表办事处。第二年，新加坡第一所犹太教会堂（马海阿贝）在犹太会堂街落成。1878 年，随着新加坡犹太人口的增长，犹太人社团在滑铁卢街兴建了一所规模更大的新马海阿贝犹太教会堂①。

在很多年的时间里，新加坡犹太社团的领导人一直是印度巴格达犹太人玛拿西·迈耶（Menashe Meyer）。他 18 岁来到新加坡，在 1873 年成功创立了一家进出口公司，最终成为新加坡最富有的人，后来被英国女王册封为爵士。据说他控制了新加坡一半的地产，包括各大著名酒店，同时也是首屈一指的鸦片贸易商。② 1905 年，在欧思礼坡的豪华住宅附近，玛拿西·迈耶爵士出资兴建了新加坡第二所犹太教会堂圣诺堂。1930 年，新加坡的犹太人口上升至 830 余人。

新加坡犹太社团的另一个重要人物是戴维·马歇尔（1908—1995）。他出生在新加坡一个印度巴格达犹太人家庭，在 1955—1956 年担任新加坡第一任首席部长。马歇尔创立的新加坡工人党，是新加坡两大主要政党之一。从 1978 年到 1993 年，他出任新加坡驻法国、葡萄牙、西班牙和瑞士等国家大使。马歇尔还在新加坡犹太社团多年担任主席一职。

今天，新加坡的犹太人口大约为 300 人，主要是源自巴格达和印度的新加坡人，还有许多侨民。

---

① 马海阿贝犹太会堂和圣诺堂的宗教生活仍然非常丰富，包括日常服务、成人教育和其他社区活动。——原注

② 英国法律规定鸦片是合法商品。——原注

日本的犹太人口

《神奈川条约》① 的签署打开了日本国际贸易的大门。1861 年首次有犹太人（马克斯兄弟，the Marks brothers）来到日本横滨。美国商人拉斐尔·斯切沃（Raphael Schover）跟随他们的步伐来到日本，后来创办了日本第一份外文报纸《日本快讯》（*Japan Express*）。波兰裔和英国裔犹太人也在横滨定居，横滨犹太社区兴建了第一所犹太教会堂。到了 1895 年，在犹太教会堂登记的犹太家庭大约为 50 个。1923 年的关东大地震迫使犹太社区迁移到神户。

1880 年，一批俄国和其他犹太移民来到长崎生活。长崎自 1859 年起便是自由港口，国际商业发展较为领先。1894 年，长崎犹太社区在以色列犹太教会堂登记的家庭超过 100 个。该社区的主要成员约瑟夫·特伦佩尔多（Joseph Trumpeldor）后来成为犹太复国主义运动的主要领导人，主张在以色列的故土建立一个犹太人国家。他也是犹太国防军（今天以色列国防军的前身）的创始人之一。1923 年，在关东大地震之后，长崎犹太社区也迁移到神户。

---

① 1854 年，美国海军准将马修·佩里与日本德川幕府签署该条约，要求日本向美国海军开放港口。——原注

日本长崎以色列犹太教会堂（约 1900 年）

20 世纪初，1905 年俄国革命和 1917 年布尔什维克革命之后，许多俄国犹太人移民到日本。他们大部分定居在东京、横滨和神户。1937 年，神户建成一所犹太教会堂。从 20 世纪 30 年代到 50 年代，神户的犹太人口数量是日本最多的。

1953 年，东京建成第一所犹太教会堂。从那时候开始，东京的犹太人口主要由国际侨民构成。东京拥有多个活跃的犹太机构，为东京的犹太社区提供了很好的服务。目前居住在日本的犹太家庭有几百个，大部分在东京。

韩国的犹太人口

最初来到韩国的犹太人是在朝鲜战争（1950—1953）期间的美国军人。美国作家哈伊姆·波托克（Chaim Potok，1929—2002）是当时的美军牧师，他根据自己在韩国的经历写了一部小说《光之书》（*The Book of Lights*）。今天，韩国的犹太社区大部分在首尔，主要由侨民构成，他们享受到各个韩国犹太机构提供的良好服务

韩国人多年以来一直对犹太教非常感兴趣，一来是因为犹太教悠久丰富的历史，其次是因为强大的伦理价值观。现在，很多韩国人会在家里放一本韩语版的《塔木德》（*Talmud*）①。

缅甸的犹太人口

犹太人在缅甸的最初记录，可追溯到 18 世纪所罗门·盖比鲁勒（Salomon Gabirol）为缅甸雍笈牙国王的军队效力的时候。19 世纪，随着印

---

① 《塔木德》是犹太教最重要的拉比书籍之一，该书记载了无数著名拉比对各种问题包括法律、伦理和哲学的观点和宣导。——原注

度科钦犹太人和巴格达犹太人的到来，缅甸的犹太人口大幅度增加。他们大都是被鸦片、棉花和大米贸易吸引而来。1852年，英国攻陷仰光，更加促进了犹太商人的到来。1857年，缅甸建成第一所犹太教会堂木斯米亚约书亚会堂①。19世纪90年代，世界各国的犹太客商开始来到仰光，包括来自罗马尼亚的柚木富商约纳斯·戈尔登贝格（Jonas Goldenberg），还有来自中欧加利西亚的所罗门·赖内曼恩（Solomon Reineman），他后来成为英国军队的供应商。

　　1901年，缅甸犹太人口数量超过500人。1932年，缅甸建成第二所犹太教会堂埃尔会堂。20世纪30年代和40年代，犹太社区的影响力有所扩大，仰光任命了一位犹太市长戴维·索费尔（David Sofaer）。这个时期犹太人口也到达2500人的高峰。此后，随着大部分犹太人移民到以色列，缅甸的犹太人口大幅度下降。值得注意的是，和以色列一样在1948年取得独立的缅甸是最先与以色列正式建立外交关系的亚洲国家之一。

犹太商人在缅甸仰光索费尔大楼前

---

　　① 木斯米亚约书亚犹太会堂在保护机构的管理下维护良好，虽然不再定期举行宗教服务，但是会堂对游客开放。——原注

印度尼西亚的犹太人口

17 世纪，犹太人作为贸易商和荷兰东印度公司雇员来到印度尼西亚。他们来自荷兰，到印尼后定居在雅加达、苏腊巴亚和三宝垄（爪哇岛）。19 世纪有另一批荷兰和德国犹太人来到印尼，他们主要居住在雅加达。印

印尼苏腊巴亚举行的受戒礼庆典，犹太教成人仪式

尼最大的犹太教会堂沙洛姆会堂①在苏腊巴亚，建于19世纪。19世纪20年代，许多巴格达犹太人迁移到印尼，使印尼犹太人口数量到达顶峰，大约有2000人，大部分是到苏腊巴亚从事香料买卖的商人。也是在同一时期，荷兰和亚丁（也门）犹太人也到印尼的不同城市定居。在20世纪40年代和50年代，大部分印尼犹太人口移民到美国、澳大利亚和以色列。

印尼万隆举行的光明节庆祝活动

---

① 2009年，沙洛姆犹太教会堂被苏腊巴亚旅游局认定为文化遗产，2013年会堂被恶意毁坏。——原注

菲律宾的犹太人口

1492 年西班牙开始驱逐犹太人之后，许多犹太人被迫信仰基督教，但私底下继续信奉犹太教。这些秘密犹太人尝试迁往西班牙的新殖民地，菲律宾是其中选择之一。据记录显示，具有犹太血统的两兄弟豪尔赫·罗德里格斯（Jorge Rodriguez）和多明戈·罗德里格斯（Domingo Rodriguez）在 16 世纪 90 年代抵达菲律宾。斗换星移，一个小规模的"马拉诺"社区在菲律宾岛成形了。

在西班牙殖民时期，由于贸易投资前景看好，定居菲律宾的犹太人口逐渐增加。莱维家族几兄弟（the Levy brothers），包括夏尔、阿道夫和拉斐尔，他们来自法国阿尔萨斯—洛林地区，因为逃离普法战争在 19 世纪 70 年代来到菲律宾。他们在伊洛伊洛市成功经营一家贸易公司，后来在马尼拉开设分支，经营珠宝、宝石、药品和一般商品贸易。来自法国的利奥波德·卡恩（Leopold Kahn）是犹太社区的另一位领袖。他曾任多家公司主席、法国总领事和法国商会会长。1869 年苏伊士运河的开通大大缩短了从欧洲到菲律宾的贸易线路。随着时间变化，强劲的经济增长吸引了来自埃及、土耳其和叙利亚的犹太人前往菲律宾，菲律宾犹太人口增加至 50 人左右。

1898 年，美国从西班牙手中夺得菲律宾的控制权，犹太教得到官方承认。美国军队为菲律宾带来了犹太教师和商人，其中最受敬重的美国犹太人是俄国出生的埃米尔·巴克拉克（Emil Bachrach）。他于1901年抵达马尼拉，创立了汽车经销企业巴赫拉赫汽车公司，也是马尼拉最大的出租车运营商。另一个美国家庭是弗里德兄弟（the Friede brothers）菲利普和亚历克斯，他们于1918年来到菲律宾，希望为父亲在纽约的弗里德父子雪茄公司扩大业务。最终，他们成立了海伦娜雪茄工厂，向美国出口多个品牌的雪茄。犹太人在菲律宾社会担当非常重要的位置，包括马卡蒂证券交易所（现在的菲律宾证券交易所）理事、物理学家、建筑师和马尼拉交响乐团的指挥。1922年，埃米尔·巴克拉克将其财富用于慈善事业，在马尼拉出资兴建了埃米尔犹太教会堂①和巴拉巴克纪念堂。

1940年的马尼拉埃米尔犹太教会堂

---

① 埃米尔犹太教会堂现在是一幢商业大楼，归菲律宾犹太社团所有。——编者注

1936 年，菲律宾的犹太人口增加至 500 人左右。第二次世界大战期间，来自欧洲的 1300 名难民使菲律宾犹太社区人口激增。在日本占领的艰难时期，犹太社区人口最高峰时达到 2500 人，然后数量开始下降。目前，菲律宾大约有几百名犹太人，主要是美国、法国和以色列侨民，还有一些是外交官。

菲律宾马尼拉的犹太社团逾越节晚餐（1925 年）

泰国的犹太人口

西班牙传教士曾在 1601 年记载了出现在暹罗大成王国的犹太商人，暹罗是泰国的旧称。1683 年，东印度公司的犹太译者亚伯拉罕·纳瓦罗

（Abraham Navarro）参观了那莱国王（King Narai）在华富里的宫廷。在 19
世纪，前往泰国定居的犹太商人越来越多。1890 年，在住啦龙宫国王统治
期间，有几个欧洲犹太家族迁居曼谷，其中最显赫的是罗森伯格（Rosen-
berg）家族。罗森伯格家族创立的欧洲酒店是泰国第一家现代酒店。20 世
纪 20 年代，为了逃避俄国革命后的混乱局面，许多俄国犹太人也来到
泰国。

哈依姆·格尔松（Haim Gerson）是一位成功的商人，他领导泰国犹太
社区长达数十年。在 19 世纪 30 年代和 20 世纪 40 年代，从德国、黎巴嫩
和叙利亚逃出来的犹太人来到泰国定居。随后在 20 世纪五六十年代，来自
美国、伊朗、阿富汗和伊拉克的犹太人为了避免遭到迫害也来到泰国。

20 世纪 70 年代，曾在越南驻扎的美国军队里的犹太人选择在泰国安
家。曼谷的以利沙巴犹太教会堂①于 1979 年建成。今天，泰国的犹太社区
主要是侨民和来自全球各地的季节性游客。

中南半岛的犹太人口（越南、老挝、柬埔寨）

犹太人在法国殖民时期（1852—1954）首先来到中南半岛的西贡定
居。朱尔·吕夫是中南半岛著名的犹太人先驱之一，他于 1872 年从法国来

---

① 以利沙巴犹太教会堂、浸礼池和犹太教中心的领导人是恰巴德·卢巴维奇教派拉比（Yo-
sef Kantor），今天仍然是曼谷犹太社区中心。——原注

到中南半岛，开创了南圻第一个铁路系统和南圻蒸汽船公司。1883 年到 1886 年间，犹太军官参加了北圻战争（又称东京战争）。路易斯·帕盖特（Louis Paguet）上尉因为表现英勇被授予多个荣誉奖章，包括柬埔寨国王法国骑士勋章。1902 年，犹太著名学者著名列维（Sylvain Lévi）在越南河内创立法国远东学院。20 世纪 20 年代，世界以色列联盟（犹太世俗学校）也活跃于越南海防。

到了 20 世纪 40 年代，中南半岛（河内、西贡和岘港）的犹太人口增长至 1000 人左右。1954 年法属印度支那联邦解体后，该地区大部分犹太人回到法国。今天，越南、老挝和柬埔寨的犹太社区人数很少，大部分是美国、法国和以色列侨民，还有一些季节性的游客。恰巴德·卢巴维奇运动也得到了这些国家的响应。

第二章
亚洲的杰出犹太人

沙逊家族和嘉道理家族：东方的罗斯柴尔德

沙逊（Sasson）家族和嘉道理（Kadoori）家族是巴格达（伊拉克）的名门望族，此外还有索菲尔（Sopher）家族和古拜（Gubbay）家族等。但是，到达印度之后，他们的命运完全被改写。他们积极为英国在孟买、加尔各答、上海、香港、广州和新加坡开设贸易基地。他们的财富主要来自商品贸易，尤其是鸦片贸易。富甲一方之后，他们广泛投资各行各业，例如酒店、房地产、交通运输、公共事业和银行。这两大家族常常相互通婚，拥有极其强大的财务和政治实力，而且乐善好施，慷慨大方，被誉为"东方的罗斯柴尔德"。

一、沙逊家族

1. 戴维·沙逊（1792—1864）

塞利赫·沙逊（Saleh Sassoon，1750—1830），1781—1817 年出任巴格

达首席财政官，还担任犹太社团主席多年。戴维·沙逊是塞利赫·沙逊的儿子，他精通多种语言，包括阿拉伯语、波斯语、土耳其语、希伯来语和印度斯坦语。1822 年之前，他一直在银行任职。由于政治动荡，他与家人一起离开巴格达逃往巴士拉（位于伊拉克），1828 年到达港口城市布什尔（位于伊朗）。

戴维·沙逊

1832 年，沙逊家族在孟买定居，一开始作为中间人为英国东印度公司工作，随后创立沙逊洋行，经营商品销售（小麦、香料、大米、糖、茶）、贵金属（银、黄金）、服装（丝绸、面纱）和鸦片业务。1842 年的《南京条约》向英国商人打开了中国贸易市场大门，他充分利用这个机会，在他儿子和巴格达犹太人的帮助下，在加尔各答、香港、上海和广州开设分支机构。

沙逊洋行的经营之所以那么成功，主要原因在于利润丰厚的印度、中国、英国三角贸易。沙逊洋行从印度把面纱和鸦片出口到中国，从中国购买中国商品（茶、丝绸）出口到英国，从英国进口英国兰开夏郡①的纺织品到印度。沙逊洋行事实上垄断了到中国的鸦片贸易，巨额利润使沙逊洋行老板成为孟买最富有的人。

戴维·沙逊成立了许多慈善机构，在亚洲各地开展慈善活动。在印度，他捐资兴建花园、犹太教会堂、学校、孤儿院、医院、博物馆和国家纪念碑。其中最著名的捐建包括维多利亚公园和阿尔贝特博物馆，孟买的 Magen David 会堂和 Knesset Eliyahu 会堂，浦那的戴维会堂，戴维·沙逊感化学校和聋哑学校，戴维·沙逊和玛西纳医院，印度要塞银行（Bank of India Fort）。1853 年，沙逊入籍英国，成为英国公民。因为他对社会做过许多贡献，1864 年他去世时，得到来自世界各地的悼词。

2. 阿尔贝特·阿卜杜拉·戴维·沙逊爵士（Sir Albert Abdullah David Sasson，1818—1896）

阿尔贝特·阿卜杜拉·戴维·沙逊爵士是戴维·沙逊长子。他在印度读书，毕业后在父亲的沙逊洋行上班，负责开拓洋行与中国的贸易关系，并扩大鸦片贸易。沙逊洋行掌握了孟买和加尔各答地区约 70% 的鸦片

---

① 兰开夏郡曾经生产世界 40% 的棉布。——原注

贸易。

阿尔贝特·沙逊在其父亲去世后全面接手家族生意。他也是著名的慈善家，1875 年斥资在孟买兴建的沙逊码头，是印度西部第一个湿船坞。他还把公司业务拓展到波斯。1871 年，波斯皇帝给他颁发波斯王国狮子太阳勋章，以表彰他对波斯贸易发展的贡献。1867 年，因为对公共服务作出突出贡献，英国授予他"印度之星"称号。他后来成为孟买立法会议员。

1872 年，他被册封为"巴斯勋章骑士"。1873 年，在决定定居英国后，他获得"伦敦自由荣誉奖"（Freedom of the City of London）。《名利场》（Vanity Fair）杂志曾对阿尔贝特·阿卜杜拉·沙逊爵士做过报道，称他为"印度的罗斯柴尔德"。1896 年，他在英国布莱顿去世，逝世之前被册封为准男爵。

3. 埃利亚斯·戴维·沙逊爵士（Sir Elias David Sasson，1820—1880）

埃利亚斯·戴维·沙逊爵士是戴维·沙逊次子。1844 年，戴维·沙逊派他到中国，让他在香港、上海和广州成立沙逊洋行分支机构。美国内战（1861—1865）爆发，导致南方各州无法向工厂提供棉花，使得中国棉花成为世界重要的商品。埃利亚斯·戴维·沙逊和沙逊洋行在当时堪称世界上最大的棉花贸易商。

后来，沙逊返回孟买管理其父的生意。1867 年，他成立了自己的贸易公司新沙逊洋行（E. D Sassoon），并在孟买、香港和上海开设办事处。他还在巴格达的海湾港口和日本开展业务。他保持家族一贯传统，是一位大

慈善家，资助兴建的公共机构为数众多，包括位于印度浦那的妇产医院和
戴维·沙逊救济院。

戴维·沙逊（中坐者）与三个儿子：埃利亚斯、阿尔贝特和沙逊

4. 埃利斯·维克多·沙逊爵士（1881—1961）

埃利斯·维克多·沙逊是爱德华·埃利亚斯·沙逊爵士（Sir Edward
Elias Sasson）最小的儿子，埃利亚斯·沙逊爵士的孙子。他生活在上海，
把沙逊家族成功的商业投资传统进一步发扬光大。1929 年，他斥资在著名
的上海外滩建造上海第一座高层建筑沙逊大厦。沙逊大厦高达 77 米，共

10 层，内设华懋饭店（现在的和平饭店），是当时上海最豪华的地标式酒店。沙逊大厦是沙逊旗下企业、附属机构和办事处的办公场所，顶楼是埃利斯·维克多·沙逊爵士自己的私人公寓。1948 年，沙逊爵士将所有在上海和印度的产业悉数抛售，把资产转移到巴哈马。1952 年，他创立新沙逊银行，银行最后在 1972 年被商人银行华莱士兄弟集团收购，1976 年被渣打银行收购。埃利斯·维克多·沙逊爵士与他祖父和父亲一样，也是大慈善家，一生中资助了许多慈善机构。

二、嘉道理家族

1. 埃利·嘉道理爵士（Sir Elly Kadoorie，1867—1944）

埃利·嘉道理爵士是巴格达犹太人萨利赫·嘉道理（Salih Kadoorie）的儿子。19 世纪 70 年代末，他来到孟买，在新沙逊洋行任职。1880 年，他加盟沙逊家族的香港办事处。随后他被派往上海，负责沙逊洋行在中国内地（天津、宁波、芜湖、威海）的业务。

1890 年，埃利爵士成立了自己的公司。他与几个合作伙伴一起，开办了香港第一个股票经纪公司利安洋行。随后，他成立了贸易投资公司嘉道理洋行，在上海和香港都设有办事处，投资橡胶园、酒店、房地产、码头、船坞和天然气。1901 年，他参与创立中华电力有限公司（现在称为中电控股①），是香港最大的电力公用事业公司之一。1914 年，他投资成立

---

① 中电控股是香港证券交易所上市历史排名第二的股票，股票代码是 2 号，排在李嘉诚的股票代码为 1 号的长江实业之后。——原注

香港上海大酒店，旗下著名的香港半岛酒店于 1928 年开业。该酒店品牌后来扩展到亚洲、欧洲和美国，成为一家豪华酒店集团。埃利爵士是一位大慈善家，他捐资在中东地区兴建了无数学校和医院，资助了许多慈善机构。

埃利·嘉道理爵士（中）与两个儿子，劳伦斯和霍瑞斯

2. 埃利斯·嘉道理爵士（1865—1922）

埃利斯·嘉道理爵士是巴格达犹太人萨利赫·嘉道理的儿子，埃利·嘉道理爵士的兄长。1883 年，他离开孟买，到香港与弟弟一起在为沙逊家族工作。他们两兄弟负责管理沙逊家族在房地产、橡胶、酒店和公用事业的业务。埃利斯·嘉道理爵士是香港上海大酒店有限公司的董事长。

埃利斯 1917 年被授勋为爵士。他是著名的慈善家，在中国创办了许多学校，包括上海育才中学和香港西九龙的官立嘉道理爵士中学。他去世之后，遵照他的遗嘱，在圣地捐资建成两所学校：一所是他泊山（Mount

Tabor）附近的嘉道理农业高中①，位于今天的以色列东北部；另一所是图勒凯尔姆（Tulkarem）的嘉道理研究所，位于今天的约旦河西岸。他捐款资助的学校和学术机构不胜枚举，遍布印度、伊拉克、伊朗、叙利亚、土耳其、法国、葡萄牙、英国和中国。

3. 劳伦斯·嘉道理爵士（Sir Lawrence Kadoorie，1899—1993）

劳伦斯·嘉道理爵士出生于香港，是埃利爵士的儿子，霍瑞斯·嘉道理爵士的兄长。在20世纪二三十年代，他为维克多·沙逊工作，管理上海著名的华懋饭店。后来他加入了自己的家族企业，与弟弟霍瑞斯一起管理嘉道理家族的橡胶、棉花、酒店、船坞、公用事业和房地产业务，包括嘉道理地产属下占地面积8公顷的房屋和九龙的低矮建筑。

第二次世界大战之后，他主持重建在战争中被毁的中华电力公司发电厂，重新对九龙和新界提供电力，对香港经济的迅速恢复作出了重要贡献。20世纪50年代，劳伦斯·嘉道理爵士投资兴建了香港太平地毯制造厂有限公司——今天是世界上最大的手工簇绒地毯制造商。从1951年到1954年，劳伦斯爵士在香港行政会议任议员，并开始执掌家族生意。1957年成为渣打银行董事会成员，一直到1967年离任。

劳伦斯爵士多年来在商业投资上不断开拓进取，成绩斐然，尤其是在香港，他投资的产业包括太平山山顶缆车、红磡海底隧道和天星小轮。他于1974年被授勋为爵士，1981年被英国皇室册封为"九龙和威斯敏

---

① 以色列前总理及诺贝尔奖得主伊扎克·拉宾（Yitzhak Rabin）和以色列国防军前总司令伊加尔·阿隆（Yigal Allon）曾就读该校。——原注

斯特男爵"（Baron of Kowloon and the City of Westminster）。他还获得比利时、菲律宾和法国等许多国家颁发的奖项和勋章，例如法国荣誉军团骑士勋章。

劳伦斯爵士是香港犹太社团主席，也是非常活跃的慈善家。他的儿子米高·嘉道理（Michael Kadoorie）现在执掌嘉道理家族生意。根据《福布斯》杂志2015年的调查，米高·嘉道理是香港第七大富豪，是世界上最富有的商人之一，名下资产大约为90亿美元。

4. 霍瑞斯·嘉道理爵士（Sir Horace Kadoorie，1902—1995）

霍瑞斯·嘉道理爵士出生于伦敦，是埃利·嘉道理爵士的儿子，劳伦斯爵士的弟弟。在20世纪二三十年代，他与兄长一起为维克多·沙逊经营上海华懋饭店，后来开始管理嘉道理家族的橡胶、棉花、酒店、船坞、公用事业和房地产业务。霍瑞斯爵士在香港上海大酒店有限公司出任董事会主席，时间长达35年。1949年，他成为香港新犹太俱乐部主席。1951年，他与兄长一起创立嘉道理农业援助协会，提供可持续农业培训服务，帮助新界农村地区成千上万农民获得自给自足的独立生存能力。随后，农业出现衰退，嘉道理农场便将重心转移到环境保护活动。1962年，他获得菲律宾拉蒙·麦格塞塞公共服务奖，并因为培训尼泊尔农民，被尼泊尔政府授予廓尔喀智慧勋章。秉承家族乐善好施的传统，霍瑞斯爵士是一位慈善家，一生中捐助了许多慈善机构。

亚洲杰出犹太人代表

几个世纪以来，亚洲的杰出犹太人数量众多，不胜枚举。下面我们仅选择其中一部分作简要介绍。他们代表了亚洲犹太人追求卓越和开拓进取的创业精神。除了商人之外，所选代表还有亲王、政治领袖、公务员、和选美冠军。

一、中国

1. 赵映乘（1619—1657）

赵映乘是一位卓越的开封犹太人。他精通汉语和希伯来语，1646年考取进士，被任命为刑部郎中，后被调往福建省和湖广省（今湖北省与湖南省）出任副使，是一位能干的官员。由于多年遭受黄河洪水的侵袭以及宋金战争的打击，开封的犹太人跟随宋高宗南迁到杭州。

赵映乘

（希伯来名字：摩西·本·亚布拉罕）

在 1642 年明朝灭亡前夕，开封的犹太社区已经日渐荒废。然而，十年之后，赵映乘返回重建开封，并于 1653 年在其兄弟赵映斗的帮助下重建犹太会堂。1663 年的石碑碑文记录了他在开封的重建工作。

2. 庇理罗士（Emanuel Raphael Belilios，1837—1905）

庇理罗士出生于加尔各答，与西姆哈·埃兹拉结婚后，于 1862 年定居香港。他在 19 世纪 70 年代出任香港上海大酒店有限公司主席。1876 人被任命为渣打银行董事会主席，一直到 1882 年离任。1881 年，他成为香港立法会议员。庇理罗士曾捐资多个慈善机构和慈善活动，包括资助中国医学生以及香港公立学校的女学生。

庇理罗士

3. 赛拉斯·阿龙·哈同（Silas Aaron Hardoon，1851—1931）

　　赛拉斯·阿龙·哈同出生于巴格达，后与家人迁居印度，在孟买就读戴维·沙逊出资兴建的学校。1868 年，他来到上海，进入老沙逊洋行任职。他很快获得晋升，作为合作伙伴转入新沙逊洋行，负责棉花和鸦片贸易以及房地产投资。后来他的生意主要集中在房地产业，在上海最繁华的路段南京路拥有无数房产。1927 年，他出资兴建上海阿哈龙会堂。赛拉斯·阿龙·哈同 1931 年去世时，其个人财富大约为 6.5 亿美元，是当时的亚洲首富之一。

赛拉斯·阿龙·哈同

哈同是一位慈善家，捐助了许多慈善机构。他也是广为人知的艺术赞助人，活跃于许多文化协会和一家出版社之间。当时的文献材料所描述的哈同，是一个穿着中国服饰的传统中国商人慈善家。他也是唯一的一个出现在中国京剧里的外国人。①

4. 马修·弥敦爵士（Sir Matthew Nathan，1862—1939）

马修·弥敦爵士是英国军人和公务员，出生于英国帕丁顿，先后在皇家军事学院和英国军事工程学院接受教育。他参加过英国在苏丹（1884—1885）和印度（1889—1894）的皇家军事远征，1899 年晋升为上尉。马修爵士曾被任命为塞拉利昂总督（1899—1900），后来出任黄金海岸（今加纳）总督，直至 1903 年。

1903 年，他被调到香港出任港督，到 1907 年卸任。在香港，马修爵士引入了结构上的重要改革，例如成立中央城市规划署、九龙半岛的城市化建设以及兴建九广铁路等。弥敦道是香港九龙的商业主干道，就是以弥敦爵士的名字命名的。

在港督任期完满结束后，英国政府于 1907 年派他到南非的纳塔尔（Natal）出任总督。卸任后他继续为公众服务，相继

马修·弥敦爵士

① 原文如此，未找到其他资料佐证。——编者注

出任税务委员会主席（1911—1914）、爱尔兰事务次官（1914—1916）、退休金事务部大臣（1919）和澳大利亚昆士兰总督（1920—1925）。

5. 爱德华·赛里姆（Edward Shellim，1869—1928）

爱德华·赛里姆出生于英国，是戴维·沙逊的外孙。他加入香港沙逊洋行担任分行经理，一直到1918年。1908—1912年，他出任渣打银行董事会主席，并先后担任多家香港公司董事会董事，包括香港电车公司、香港九龙货仓有限公司、香港火灾保险有限公司、香港置地投资及代理有限公司、香港填海工程公司和华火车糖局。他还是香港商会会员、雅丽氏纪

爱德华·赛里姆

念医院财务委员会主席、犹太教莉亚堂主席。赛里姆是一位慈善家，曾经捐助上海多家机构。

6. 爱德华·伊萨克·埃兹拉（Edward Issac Ezra，1882—1921）

爱德华·伊萨克·埃兹拉生于上海，被誉为上海首富之一。他曾经是上海公共租界工部局董事。他拥有包括汇中洋行在内的多家洋行，汇中后来接管汇中饭店（前身是华懋饭店）。他名下地产数量众多，集中在南京路、九江路、四川路和江西路。此外，他还拥有另外几家饭店，其中包括外滩的礼查饭店。

埃兹拉在多家企业出任主席，包括远东保险有限公司、大英上海自来火房、中国汽车公司以及《大陆报馆》和《明星晚报》两家报纸。他活跃于鸦片贸易，1913 年被选为首任上海鸦片管理机构主席。他开展了一系列慈善活动，曾经担任上海犹太复国主义协会主席和中国犹太组织的副主席。

二、印度

1. 约瑟夫·拉班（Joseph Rabban）

约瑟夫·拉班是定居印度马拉巴尔海岸（现在是喀拉拉邦）的犹太商人。当地克兰甘诺尔（科钦市附近的小港口）的印度酋长封他为"科钦犹太亲王"。因此，他得到了许多房产和赋税权力。这些故事在 1000 年被记录在一块铜板上。

2. 约瑟夫·阿扎尔（Joseph Azar）

约瑟夫·阿扎尔生活在 14 世纪，是约瑟夫·拉班的后人，也是"科钦犹太亲王"的最后一位继位者。因此，阿扎尔继承了"科钦安纽范南犹太亲王"（Jewish Prince of Anjuvannam of Cochin）称号，也是印度最后一位犹太亲王。长期以来，犹太人一直得到科钦王公的保护。1340 年，阿扎尔与兄弟争夺继承人之位，这次冲突让印度南部的犹太人社团丧失了自治权。

三、新加坡

1. 玛拿西·迈耶爵士（Sir Manasseh Meyer，1843—1930）

玛拿西·迈耶爵士出生于巴格达，一开始在印度加尔各答接受教育。1861 年，在 18 岁的时候，他前往新加坡，在圣约瑟夫学院（现在是新加坡第三古老的中学）继续读书。1864 年，他回到加尔各答学习希伯来语和阿拉伯语，学业结束之后，他开始在周边地区经商。

1867 年，他来到缅甸仰光并创立了一家公司。六年之后，他回到新加坡并创立迈耶兄弟公司，成为新加坡最大的印度商品贸易商，出售包括鸦片在内的多种商品。积累财富之后，他成功投资房地产，购买了无数产业，包括阿德菲酒店、莱佛士广场的迈耶大楼、海景酒店、美雅大厦和基利尼大楼。据说新加坡半数地产均为玛拿西·迈耶爵士所有。

1893 年到 1900 年，他担任市行政长官，后来被任命为英属海峡殖民地货币委员会成员。玛拿西·迈耶爵士向许多慈善机构捐出大量资金。他出资兴建新加坡的两所犹太教会堂马海阿布犹太会堂和圣诺犹太会堂，成立玛拿西·迈耶基金会，资助莱佛士学院（现属于新加坡国立大学）等教育机构。1929 年，因为对社会作出的杰出贡献，被英国册封为爵士。

2. 戴维·索尔·马歇尔（David Saul Marshall，1908—1995）

戴维·马歇尔出生于新加坡的一个来自巴格达的印度家庭，他先在新加坡本地学校（圣约瑟夫中学、圣安德鲁学校和莱佛士学院）接受教育，之后前往英国伦敦读法律，学成之后回到新加坡成为刑事律师。1955 年，他领导的工党获得选举胜利，组成政府并担任首席部长（1955—1956）。马歇尔创立的新加坡工人党是新加坡两大主要政党之一。1957—1963 年，他出任新

戴维·索尔·马歇尔

加坡议会议员。在争取新加坡从英国独立的谈判中，马歇尔发挥了至关重要的作用。1978—1993 年，马歇尔被派往多个国家任新加坡大使，包括法国、葡萄牙、西班牙和瑞士。此外，他还多年担任新加坡犹太社团主席一职。

四、缅甸

路易莎·查梅因·本森·克雷格（Louisa Charmaine Benson Craig，1941—2010）

缅甸的路易莎·查梅因·本森·克雷格是克伦族①叛军领袖，她是犹太后裔（科钦和塞法迪犹太人）。她的父亲苏·本森（Saw Benson）来自印度科钦的一个富裕犹太人家庭，母亲瑙漆钦（Naw Chit Khin）是缅甸克伦族人。本森·克雷格分别在1956年和1958年赢得两次缅甸小姐冠军，并且在1956年代表缅甸第一次参加环球小姐比赛。

路易莎·查梅因·本森·克雷格

① 克伦是缅甸南部的少数民族，属于汉藏语系。——原注

第三章
以色列建国和 20 世纪 50 年代以来
以色列—亚洲关系的发展历程

悠久丰富的历史渊源加强了以色列和亚洲各国的密切联系。在过去几十年里，以色列和亚洲国家在政治、军事、经济和文化各个领域开展双边合作与交流。本章将对此进行详细介绍。

亚洲对独立前以色列的影响

一、耶路撒冷的"滇缅公路"

滇缅公路连接缅甸和中国西南地区。第二次世界大战期间，滇缅公路是向中国输送外援物资、帮助中国抗击日军的重要通道。1948 年，在以色列独立战争期间，后来出任首相的戴维·本 – 古里安（David Ben-Gurion）、一位重要的作战军官同时也是后来的以色列理工学院校长阿莫斯·霍瑞夫（Amos Horev）和米奇·马库斯（Mickey Marcus）将军等以色列领导人受到滇缅公路启发，计划修建类似的公路，以打破阿拉伯国家对耶路撒冷的封锁。

耶路撒冷的"滇缅公路"在几个星期之内建成了。公路途经几个地区（现在的贝科亚莫沙夫、拜特吉兹、拜特苏桑—哈雷尔基布兹一带和拜特梅厄地区）的丘陵和山脉，一直到达古老的耶路撒冷。公路建成之后，耶路撒冷饱受围困的犹太人终于能够接收重要的援助物资。

20 世纪 50 年代，以色列和缅甸两国继续保持密切的关系。耶路撒冷的"滇缅公路"旧址，或者说其中一部分保留至今，作为缅怀历史和教育用途。

以色列建设"滇缅公路"（1948 年）

二、亚洲国家承认以色列国

在宣布独立一年之后的 1949 年 5 月，以色列被接纳为联合国成员国。亚洲国家很早便承认以色列国，并与之建立外交关系。与中国华人民共和国在 1992 年 1 月正式建立外交关系。

其他亚洲国家承认以色列国的时间分别是：菲律宾，1949 年 5 月；印度，1950 年 9 月；泰国，1950 年 9 月；日本，1952 年 5 月；缅甸，1953 年 7 月；老挝，1957 年 2 月；柬埔寨，1960 年 8 月；韩国，1962 年 4 月；新加坡，1969 年 5 月；越南，1993 年 7 月。印度尼西亚目前尚未正式承认以色列国，但以色列国民凭印尼移民局邀请可以到印尼旅游，而且以色列大型企业也在印尼审慎地开展业务活动。

1948 年以色列《巴勒斯坦邮报》（*The Palestine Post*）头版

20世纪50年代后以色列—亚洲关系的发展历程

一、中国

1950年1月，以色列正式承认中华人民共和国，是中东地区第一个承认新中国的国家。在20世纪50年代期间，以色列和中国形成了政治和贸易对话，在政治和经济层面都举行了高规格会谈。1954年，以色列政界人士戴维·哈科恩（David Hacohen）率领以色列代表团与以色列外交部亚洲司的官员到中国访问，与当时的中国外交部副部长章汉夫和亚非司司长黄华举行了会谈。

虽然两国关系在20世纪六七十年代进入平淡的间歇期，但是到80年代又重新热络起来。以色列开始为中国提供国防和军事设备，刚开始时经由香港展开的双边贸易。科技贸易在80年代也开始蓬勃发展起来。

1985年，中国接受以色列学者来华参加学术会议和研讨会。作为回报，中国学者也开始访问以色列。1986年，两国开通了直拨电话系统，以色列游客也被允许到中国旅游。1987年，中国共产党代表团访问以色列，当时的以色列总理希蒙·佩雷斯（Shimon Peres）指派阿莫斯·尤丹（A-mos Yudan）在香港成立第一个以色列政府附属公司，鼓励以色列与中国的贸易交流。一年之后，以色列工党代表团访问了中国。

第三章

以色列建国和 20 世纪 50 年代以来以色列—亚洲关系的发展历程

1992 年，中国与以色列正式建立外交关系，两国在政治、经济和文化等领域的交流合作大幅度增加。以色列国防部部长摩西·阿伦斯（Moshe Arens）于 1991 年访华，与中方谈判两国扩大军事合作事宜。1992 年，以色列外交部部长戴维·利维（David Levy）访问中国，任命泽夫·苏赋特（Zev Sufott）为以色列首任驻华大使，并任命此前在香港工作的丹·卡塔里瓦斯（Dan Catarivas）担任以色列驻中国大使馆的首任商务参赞。

进入 21 世纪，以色列与中国的关系继续得到加强。以色列总理埃胡德·奥尔默特在 2007 年访问中国，进一步推动两国贸易与军事合作。2013 年 5 月，以色列总理本雅明·内塔尼亚胡（Benjamin Netanyahu）访华，巩固和扩大了两国的合作。同年 12 月，中国外交部部长王毅回访以色列。时任以色列总统希蒙·佩雷斯于 2014 年 4 月访问中国，与习近平主席举行了会谈。

在过去二十年里，中以两国贸易增长迅猛，1992 年双边贸易额只有 5000 万美元，2014 年激增至大约 90 亿美元①。中国是以色列在亚洲的最大贸易伙伴，也是以色列在全世界仅次于美国的第二大贸易伙伴。以色列为中国提供技术和创新技能，特别是在水资源、灌溉、海水淡化、农业技术、可再生能源、网络安全、互联网、电信、数字媒体和医疗保健等领域。中国则为以色列提供各种工业制成品。

在日常生活趣闻中，中以关系蓬勃发展的证据也处处可见。本书作者第一次陪同中国投资者访问以色列的时候，很明显地注意到，即使是五星

---

① 所有双边贸易数据均来自以色列政府。——原注

级酒店也没有接待中国客户的特色服务。以色列早餐非常丰富，也非常豪华，但是肯定一点也不像中国常见的早餐。比如说，鹰嘴豆泥味道很好，但是从来没有成为中国人传统的早餐。近年来，同样的酒店在宽阔的自助餐区域特设一个中国饮食区，专门提供中国风味食物和饮料。有意思的是，希拉·所罗门（Hila Solomon）作为生活在以色列的嘉道理家族后人，在耶路撒冷专门从事国家政要和企业高管接待服务——在中国贵宾眼中，他是耶路撒冷最好的餐饮供应商之一。

中国游客会要求提供热开水，对此以色列人以前也觉得无法理解。到了今天，大部分的酒店餐厅通常会在餐桌上放一瓶热开水，供中国客人使用。

1993 年，以色列在中国台湾设立了以色列经济文化办事处（ISECO）。20 世纪 70 年代，雅科夫·利伯曼（Yaacov Liberman）不仅是台湾犹太社团主席，也是以色列在台企业艾森伯格集团（Eisenberg Group）的一名代表。进入 21 世纪后，以色列与台湾地区的双边贸易关系开始发展起来，2014 年的贸易额接近 12 亿美元。以色列出口台湾的主要产品包括化工产品、半导体、钻石、软件、电子产品、医疗和电信设备；台湾则向以色列出口化工产品、制成品、电子消费品和电信设备。

二、印度

印度在 1950 年 9 月正式承认以色列国，但是到 1992 年才与以色列正式建立外交关系。两国在 20 世纪 60 年代形成的初步关系在 70 年代得到加强。1965 年，印度为争夺克什米尔的控制权与巴基斯坦开战，以色列为印度提供军事支持。1971 年印巴战争再次爆发，最后孟加拉宣布独立。事实上，以色列是首批承认孟加拉国的国家之一。

1977 年，以色列外交部部长摩西·达扬（Moshe Dayan）访问印度人民党政府，推动展开双边合作和交流。在 1985 年联合国大会上，印度总理拉吉夫·甘地（Rajiv Gandhi）与以色列总理希蒙·佩雷斯举行会面。然而以色列—印度关系的腾飞，是进入 20 世纪 90 年代之后，伴随着印度经济自由化开始的。1992 年，印度与以色列正式建立外交关系。1997 年，埃泽尔·魏茨曼（Ezer Weizman）与印度总统尚卡尔·达亚尔（Shankar Dayal）和印度总理德韦·高达（H. D Deve Gowda）会面，成为第一位与印度国家元首和政府首脑会面的以色列总统。

在接下来几年内，印度总理秘书索利·索拉布吉（Soli Sorabjee）和多位其他印度官员相继访问以色列。进入 21 世纪之后，许多以色列官员访问印度，两国政治关系得到大幅度加强。以色列大部分政要都曾经访问印度（包括总统、总理、外交部部长、国防部部长、工贸部部长、农业部部长、科技部部长、教育部部长、交通部部长）。访问过印度的以色列政治人物包括希蒙·佩雷斯、阿里埃勒·沙龙、埃胡德·奥尔默特、西尔万·沙洛姆、尤瓦尔·斯泰尼茨、加比·阿什克纳齐、乌齐·兰多、利莫尔·利夫纳特、埃利亚胡·伊沙伊、伊斯雷尔·卡茨、沙乌尔·莫法兹、梅厄·谢特里特和本雅明·本－埃利泽。

印度方面在同一时期也派出许多代表团访问以色列，其中包括印度工商部、农业部和消费者事务部。2012 年，印度外交部部长克里希纳（S. M. Krishna）会见了以色列总统希蒙·佩雷斯、以色列总理本雅明·内塔尼亚胡和以色列外交部部长阿维格多·利伯曼（Avigdor Lieberman）。2014 年 9 月，内塔尼亚胡和印度总理纳伦德拉·莫迪（Narendru Modi）在纽约会面，双方讨论了两国日益增长的经济合作议题。

在过去 20 年里，除了活跃的政治交流之外，两国之间的经济合作也在蓬勃发展。1992 年双边贸易额为 2 亿美元，2014 年增长至大约 50 亿美元。双边贸易的繁荣，得益于印度和以色列就签署和实施了多个领域贸易协议，包括农业（1993 年）、航空运输（1994 年）、投资（1996 年）、工业技术研发（1996 年）、医疗保健（2003 年）和环境（2003 年）。目前，印度是以色列在亚洲的第二大经济伙伴，以色列是印度第九大贸易伙伴。以色列出口到印度的商品包括钻石和宝石、国防设备、化工产品和矿物产品以及高科技设备。印度则向以色列出口钻石和宝石、纺织品、金属、植物和蔬菜。

两国之间的文化交流也不断增加，以色列和印度艺术家曾经同台表演。以色列著名歌手阿齐诺亚姆·尼尼（Achinoam Nini，即诺雅 Noa）和阿拉伯裔以色列歌手米拉·阿瓦德（Mira Awad）多次在印度举办演唱会。旅游业也得到很大提升，2014 年到印度旅游的以色列游客超过 5 万人，其中 4 万是刚刚结束兵役的以色列年轻人。每年到以色列旅游的印度游客数量也大致相当，到以色列旅游的亚洲游客中，印度游客所占比重是最高的。

三、新加坡

新加坡和以色列的联系有很长的历史，甚至在新加坡 1969 年 5 月正式承认以色列国之前，两国已经有所往来。事实上，新加坡 1965 年 8 月宣布独立时，新加坡国防部部长吴庆瑞博士曾经联系时任以色列驻泰国大使莫迪凯·基德隆（Mordechai Kidron），请求以色列协助成立新加坡军队。这是新加坡"保存得最好的秘密"，事隔 40 年之后，新加坡总理李光耀才向外界透露此事。为了保护行动的机密性，也是出于安全的考虑，派往新加坡的以色列技术专家以代号"墨西哥人"相称。直到今天，以色列和新加坡在国防领域的关系仍然非常密切。

多年以来，新加坡和以色列官员进行了无数次互访，两国之间的合作进一步得到加强。新加坡和以色列已经签署了七份双边协议，包括 1970 年的《航空业协议》和 1997 年的《关于研发合作的协议》，由以色列首席科学家办公室和新加坡经济发展局共同创立的新加坡—以色列工业基金。今天，以色列主要向新加坡出口高科技设备，新加坡则出口机械和计算机设备到以色列。2014 年，以色列和新加坡双边贸易额大约为 15 亿美元。

四、日本

日本于 1952 年承认以色列国，1963 年在以色列设立大使馆。两国关系在 20 世纪六七十年代发展得很快。1971 年，两国就互免签证事宜签署了第一个双边协议。从此以后，两国外交关系非常活跃，不仅双方政府首脑，包括外交部长、贸易部长、科技部长和农业部长等官员也都进行了互访。从 20 世纪 90 年代到 21 世纪初，两国继续签署多份双边协议，涉及领域包括法律（1993 年）、文化与教育（1993 年）、科技合作（1995 年）、航空服务（2000 年）和研究与开发（2014 年）。在过去三十年里，文化交流与合作也逐渐加强，开展了多个交流项目，包括青年交流项目（1987

年）、文化节（1992 年）和以色列爱乐乐团在日本的演出（2000 年，此后每年定期演出）。

2014 年，以色列总理本雅明·内塔尼亚胡拜访日本首相安倍晋三，希望促进以色列—日本经济合作。2015 年，日本首相率领 100 人贸易代表团到访以色列，以期拓展两国贸易。2014 年，以色列和日本的双边贸易额大约为 19 亿美元，其中以色列出口额为 7.2 亿美元，出口产品主要包括机械、电器和医疗器械、化工产品和钻石，日本向以色列出口额为 11 亿美元，主要是汽车、化工产品、机械和电气设备。

以色列总理本雅明·内塔尼亚胡在日本东京的新托拉卷轴上写信

五、韩国

韩国在 1962 年承认以色列。1968 年，以色列在首尔设立大使馆。自 20 世纪 60 年代起，以色列和韩国双方官员便开始进行互访，首先是 1961 年时任以色列总参谋长伊扎克·拉宾（Yitzhak Rabin）访问韩国。值得注意的是，以色列帮助韩国建造了农业、水务和国防基础设施。

20 世纪七八十年代，由于政治方面的原因，两国关系有所降温，以色列对韩国派非常驻大使，由以色列驻日大使兼任。不过，以色列—韩国关系在 90 年代大为改善，1991 年以色列重开驻韩国大使馆，1993 年韩国在以色列设立大使馆。1993 年，韩国科技部部长访问以色列，并与以色列科技部、魏茨曼研究所和以色列飞机制造公司签署了协议。

1994 年，时任以色列总理伊扎克·拉宾拜访韩国总统金泳三。这次访问促成双方相继签署多份双边协议，涉及领域包括航空与文化（1994 年）、科学技术（1994 年）、签证与移民（1995 年）和税收（1997 年）。1997 年和 1999 年，拉宾和韩国国务总理金钟泌进行了互访。

进入 21 世纪后，以色列和韩国的关系得到进一步加强，两国政治、经济和文化联系更加紧密。双方继续进行高调的政治访问。2005 年，时任韩国外交部部长潘基文访问以色列。2010 年，以色列总统希蒙·佩雷斯率领企业高管代表团访问首尔。2001 年，以色列国和韩国成立了一个研究与开发基金，并签署了一份海运协议。双边贸易额也出现快速增长，20 世纪 90 年代只有 1.48 亿美元，2014 年增长至大约 20 亿美元。

以色列对韩国出口的商品主要包括制成品、电子、电信、生物医药、国防与安全设备、化工产品、钻石和宝石。韩国向以色列出口汽车、电子消费品、家用电器和电信产品。

随着旅游业迅速发展，加上以色列理工学院和韩国电子技术研究所签署了合作交流协议，两国文化合作与交流也蓬勃发展。每年韩国有超过 4 万名基督朝圣者①拜访圣地。

---

① 韩国人口有三分之一是熟知《圣经》的基督教徒。——原注

六、缅甸

缅甸在 1953 年承认以色列国，以色列与缅甸官员在很早便建立很紧密的外交关系。1955 年，缅甸总理吴努（U Nu）访问以色列，成为第一位到访以色列国的外国总理。1961 年，以色列总理戴维·本－古里安访问缅甸。从那以后，许多以色列官员访问了缅甸，包括以色列总统伊扎克·本－兹维、外交部部长摩西·夏里特、戈尔达·梅厄、阿巴·埃班、摩西·达扬和希蒙·佩雷斯。从 20 世纪 60 年代中期到 80 年代，由于政治原因，两国关系发展放慢，但是从 90 年代开始，两国政治、经济和文化关系再次蓬勃发展。以色列和缅甸在农业、保健、教育、商业、科学和技术等

以色列总理戴维·本－古里安在访问仰光期间穿上缅甸传统服装

领域展开双边合作。以色列国际发展合作机构（马沙夫）在缅甸尤其活跃，向缅甸农民提供了关于各种农作物优化的深入培训，包括畜牧、蔬菜、水果和花卉。

通过联合国儿童基金会（UNICEF）的项目，以色列和缅甸在教育领域开展合作，为幼年儿童提供帮助。1994 年，两国签署关于投资保护的双边协议。此后，双边贸易发展迅速，2014 年双边贸易额达到 1400 万美元，而 2012 年时该数字仅为 200 万美元。

七、印度尼西亚

印度尼西亚在外交上尚未正式承认以色列国。但是，两国已经进行了一系列高调的会谈。1993 年，印尼总统苏哈托在其雅加达私人府邸与以色列总理伊扎克·拉宾会面。2005 年，以色列外交部部长西尔万·沙洛姆在一次联合国峰会上会见了印尼外交部部长哈桑·维拉尤达（Hassan Wirayu-da）。2006 年，以色列外交部亚太司副司长安泰毅（Amos Nadai）和以色列驻泰国大使耶尔·鲁宾斯坦前往雅加达参加联合国亚太经济与社会理事会会议（ESCAP）。2008 年，以色列紧急医疗服务协会（MDA）和印尼穆罕默迪亚协会签署协议，在提供紧急人道主义医疗援助方面展开合作。

2010 年，印度尼西亚—以色列贸易局成立，以促进两国企业的商务合作。虽然官方并没提供任何双边贸易数据，但是一些私营企业正在积极扩大业务联系。以色列库尔实业公司（Koor Industries）一直活跃于印尼，以色列地热公司 Ormat 实业公司参与了印尼标志性的 330 兆瓦 Sarulla 电力项目，该项目总投资额达到 10 亿美元，Ormat 实业公司提供了价值 2.5 亿美元的能源转换技术。

八、菲律宾

菲律宾在 1949 年正式承认以色列国。其实早在 1947 年，菲律宾就是在联合国支持以色列建国的 33 个国家之一，也是其中唯一的亚洲国家。1958 年，两国全面建立外交关系。1962 年，双方互设大使馆。从 20 世纪 60 年代到 21 世纪，两国无数个高级别官方代表团进行了互访。2012 年，菲律宾副总统杰约马尔·比奈（Jejomar Binay）拜访了以色列总统希蒙·佩雷斯，菲律宾国防部部长伏尔泰·加斯明也于 2014 年访问了以色列。

两国已经签署多个双边协议，涉及航空服务（1951 年）、农业合作（1964 年）、签证与移民（1969 年）、教育与学术研究（1989 年）、科学与技术（1992 年）、税法（1993 年）、社会保障（2009 年）和民航运输协定（2013 年）。2014 年双边贸易额大约为 2.9 亿美元，其中以色列出口额约为 2.5 亿美元，出口商品包括电子产品、化工产品、机械、消费品、纺织品和建筑材料。菲律宾出口额约为 4000 万美元，出口商品包括电子产品、化工产品、海产品和加工食品。

以色列国防企业和马沙夫（MASHAV）[①] 均活跃于菲律宾，为其提供现代农业和清洁能源等多种培训课程。两国文化关系也蓬勃发展，菲律宾在马尼拉举办以色列电影节，以色列和菲律宾演艺人员在两国各个音乐节表演，以色列海法也开办菲律宾手工艺品和美食周。生活在以色列的菲律

---

① 马沙夫是以色列国际合作中心的希伯来语简称。——编者注

宾人大约有 3 万人，大部分是外籍劳工，每年还有许多菲律宾基督教朝圣者前往圣地朝圣。

九、泰国

泰国在 20 世纪 50 年代承认以色列，1954 年建立全面外交关系。1958 年以色列在泰国曼谷设立大使馆，1996 年泰国在特拉维夫设立大使馆。多年来，许多泰国重要官员访问了以色列，例如泰国王储哇集拉隆功（Crown Prince Vajiralongkorn）和公主玛哈扎克里·诗琳通（Princess Maha Chakri Sirindhorn）。以色列政要也回访了泰国，包括总参谋长伊扎克·拉宾和阿巴·埃班（Abba Eban）。两国在各个领域签署了多份双边协议，包括航空服务（1968 年）、税法（1996 年）、投资保护（2000 年）和灌溉技术（2002 年）。马沙夫在泰国非常活跃，为泰国农业从业者提供了农业方面的培训。2014 年，泰国农业大学①—以色列农业技术综合中心在泰国成立，利用以色列的农业技术解决方案优化泰国的农作物生产。

2014 年，以色列和泰国双边贸易额大约为 10 亿美元，其中以色列对泰国出口额为 5 亿美元，出口商品包括钻石、机械、肥料和化工产品。泰国对以色列出口额为 5 亿美元，主要包括钻石、机械、车辆和谷物。以色列和泰国在音乐、工艺品和食品文化方面的交流十分紧密，每年有超过 10 万名以色列游客到访泰国②。在以色列生活的泰国人口也很多，特别是农业工作者。

---

① 农业大学是一所泰国公立大学。——原注
② 数据来自泰国旅游部。——原注

十、越南

越南在 1993 年承认以色列，随后以色列在河内开设大使馆，2009 年越南在特拉维夫设立大使馆。双方进行的一系列高层访问使两国外交关系得到加强。2011 年，越南国防部部长张光庆（Truong Quang Khanh）到访以色列，以色列总统希蒙·佩雷斯也对泰国进行了回访。

以色列和越南在农业、水务、电信、信息服务和国土安全领域进行了双边合作。两国在经济合作（2004 年）和税法（2009 年）方面签署了一系列双边协议。马沙夫也活跃于越南，为越南农业从业者提供了农业方面的培训。2014 年，以色列和越南的双边贸易额达到 6.3 亿美元。两国在多个领域开展了文化交流，例如，2014 年在河内国家电影中心举办的以色列电影节。

十一、柬埔寨、老挝

以色列在 1955 年承认柬埔寨和老挝。柬埔寨在 1960 年承认以色列国，1993 年与以色列建立外交关系；老挝在 1957 年承认以色列国，也在 1993 年与以色列建立了外交关系。从 20 世纪 50 年代开始，以色列、柬埔寨和老挝的政府高层进行了多次相互访问。

1956 年，以色列外交部部长摩西·夏里特（Moshe Sharett）访问柬埔寨。1962 年，以色列外交部部长戈尔达·梅厄（Golda Meir）拜访柬埔寨诺罗敦·西哈努克亲王（King Norodom Sihanouk）。1974 年，拉宾访问老挝。多年以来，以色列、柬埔寨和老挝的外交关系迅速加强。在经济领域，以色列在柬埔寨和老挝两国的农业、高科技、国土安全、水资源和灌溉领域非常活跃。柬埔寨向以色列出口水稻和烟叶等商品，老挝对以色列的出口仍然处于起步阶段。近年来，以色列、柬埔寨和老挝之间的文化交流也不断增加，预计未来将得到进一步发展。

第二篇

2

世界创新中心以色列

第四章

以色列的基因：科学、技术和创新

孕育创新

犹太人，尤其是在以色列建国之前回到圣地定居的早期移民的现代历史就是研究、科学、技术和创新的历史。由于以色列资源缺乏，气候环境恶劣，犹太人便以科学创新为工具，丰富和提高以色列人民的生活水平。

以色列最初成立的研究机构主要是为了研究农学和农业。1870 年，世界以色列联盟建立了米克夫以色列学校，1921 年农业研究组织在雷霍沃特成立。这种开拓精神在此后几十年里孕育了以色列的研究和创新。世界领先的大学、研究机构和精英军工部门，让以色列成为国际认可的科技和创新强国。

一、以色列著名大学和研究机构

1. 以色列理工学院

以色列理工学院是以色列最古老的大学。学校于 1912 年由德国犹太人基金会埃兹拉（Ezrah）出资成立，当时犹太人不被允许就读欧洲大学的理工课程。1923 年，提出相对论的著名物理学家阿尔伯特·爱因斯坦（Albert Einstein）来到位于海法的以色列理工学院，出任以色列理工学院学会的第一届主席。1924 年，学校开始招收学生。

以色列理工学院设有众多院系，包括航空航天工程、建筑学与城镇规划、生物学、生物医学工程、生物技术与食品工程、土木与环境工程、化学工程、化学、计算机科学、技术与科学教育、电气工程、人文艺术、工业工程与管理、材料科学与工程、数学、机械工程、医学和物理学。理工学院现有学生超过 1.4 万名，其中本科生 9500 多名，硕士研究生 2.4 万余人，博士生约 1000 人，还设有 52 个研究中心。

2007 年，以色列理工学院技术转化中心（T3）正式成立，作为技术转化办公室，致力于将校内科研成果商业化，吸引投资者参与投资。2010 年，以色列理工学院赢得了美国康内尔大学创建科学工程学院的竞标。2013 年，在李嘉诚基金会的资助下，以色列理工学院与汕头大学合作兴建了广东以色列理工学院。

以色列理工学院在世界大学排名榜中常年名列前 50 位，化学、计算机科学、数学、自然科学和工程学专业更是名列前茅。学校教职员中有四位是诺贝尔化学奖得主，分别是阿夫拉姆·赫什科和阿龙·切哈诺沃（Avraham Hershko and Aaron Cie Chanover，2004 年），丹·谢赫特曼（Dan Shechtman，2011 年），阿里耶·瓦谢尔（Arie Warshel，2013 年）。以色列理工学院的许多校友都是企业家和以色列及国际著名企业高管，例如浦大地（Dadi Perlmutter，英特尔公司首席产品官）、亚伯拉罕·伦佩尔和雅各布·齐夫（Abraham Lempel and Jacob Ziv，伦佩尔—齐夫压缩算法的开发者）、安迪·古特曼斯（Andi Gutmans，PHP 语言的开发者、Zend 科技的联合创始人）、耶胡达·兹萨贝尔（Yehuda Zisapel）和祖海尔·兹萨贝尔（Zohar Zisapel ，Rad 集团联合创始人，以色列高科技产业赞助人）、约勒·马瑞克（Yoelle Maarek，以色列谷歌的创始人，雅虎以色列实验室的首席执行官）。铁穹导弹防御系统和帮助截瘫患者行走的 ReWalk 机器人外骨骼系统都是以色列理工学院校友的创新成果。

2. 希伯来大学

希伯来大学于 1918 年开始筹建，1925 年建成招生。大学的第一届校董包括物理学家阿尔伯特·爱因斯坦，被誉为精神分析之父的西格蒙德·弗洛伊德（Sigmund Freud），哲学家马丁·布贝尔（Martin Buber），以及后来成为以色列首任总统的哈依姆·魏茨曼（Chaim Weizmann）。希伯来大学设有 6 个校区，7 个学部（文学、社会科学、法学、理学、农学、医学、牙医学）和 14 个学院。现有学生 2.3 万多名，其中超过 45% 是硕士研究生，还设有 83 个研究中心。

希伯来大学是世界排名前 50 的著名学府，尤其在数学、计算机科学、商学和经济学领域极负盛名。1964 年，大学成立了技术转化公司——伊萨姆（Yissum）研究开发公司，负责希伯来大学的知识产权保护和商业化，以及吸引私营投资者投资。2014 年，伊萨姆借助希伯来大学的技术成立了 9 家公司。同年，该公司签署了 65 项技术许可协议和大约 600 项技术转让协议。

以色列近40%的民用科研项目是在希伯来大学进行的。希伯来大学有7位研究人员和校友获得了诺贝尔奖，分别是：丹尼尔·卡恩（Daniel Kahneman，2002年诺贝尔经济学奖），戴维·格罗斯（David Gross，2004年诺贝尔物理学奖），阿夫拉姆·赫什科和阿龙·切哈诺夫（2004年诺贝尔化学奖），罗伯特·奥曼（Robert Aumann，2005年诺贝尔经济学奖），罗杰·科恩伯格（Roger Kornberg，2006年诺贝尔化学奖），阿达·尤纳斯（Ada Yonath，2009年诺贝尔化学奖）。三位校友成为以色列总统，分别是：伊弗雷姆·卡齐尔（Ephraim Katzir）、伊扎克·纳冯（Yitzhak Navon）和摩西·卡察夫（Moshe Katsav）。还有三位成为以色列总理，分别是：埃胡德·巴拉克，阿里埃勒·沙龙和埃胡德·奥尔默特。还有许多校友担任著名企业高管，包括李艾科（Léo Apotheker，惠普和SAP公司前任首席执行官）、奥里特·加迪耶什（Orit Gadiesh，贝恩咨询公司前任董事会主席）和伊莱·赫维茨（Eli Hurvitz，梯瓦制药公司前任首席执行官）。

3. 魏茨曼科学研究所

哈依姆·魏茨曼于1934年在雷霍沃特创建丹尼尔·席夫研究院，后来他成为以色列首任总统。1949年，该研究院更名为魏茨曼科学研究所。

魏茨曼出生于白俄罗斯，1910年加入英国国籍，1948年成为新成立的以色列国总统。他是多才多艺的生物化学家，提出了通过细胞发酵制造丙酮的方法。这对一战中英国在战争中取胜作出了重大贡献，也成就了魏茨曼在英国的地位和影响力。

1955年，魏茨曼科学研究所研制了WEISAC，是中东地区第一台现代计算机，也是世界上最早的电子计算机之一。1959 年，该研究所成立了耶达技术转移公司，促进其知识产权在工业领域的应用。其研究成果包括重组乙肝疫苗 Bio-Hep B ® 、世界首例商业用途的基于球形无机纳米粒子的固体润滑剂、改良作物品种以及黄瓜和西瓜的杂交品种等。

目前魏茨曼科学研究所只开设硕士和博士课程。研究所下设 5 个院系，涉及数学、计算机科学、物理学、化学、生物化学和生物学，现有超过 1100 名学生，其中博士生约 700 名，硕士生约 400 名，还设有 50 多个研究中心。魏茨曼科学研究所有三位教授获得诺贝尔奖，分别是：阿达·尤纳斯（2009 年诺贝尔化学奖），迈克尔·莱维特（Michael Levitt）和阿里耶·瓦谢尔（2013 年诺贝尔化学奖）。

4. 特拉维夫大学

特拉维夫大学创立于 1956 年，由特拉维夫法律及经济学院、犹太研究中心和自然科学院三所研究机构合并而成。特拉维夫大学目前设有 9 个学部（艺术、工程学、精密科学、人文、法律、生命科学、医学、社会科学、管理学）、7 个学院（环境研究、音乐、建筑、牙科医学、教育、社工、国际学院）和 130 个研究所，现有 3.1 万多名学生，其中博士生 3300 人。特拉维夫大学常列于世界科研机构排名榜前 50 强。著名的校友包括以色列前总理阿里埃勒·沙龙，以色列首位宇航员伊兰·拉蒙（Ilan Ramon），以及以色列导航软件公司众色地图（Waze）的联合创始人乌里·莱文（Uri Levine）和埃胡德·沙卜泰（Ehud Shabtai）。

5. 内盖夫本－古里安大学

戴维·本－古里安是以色列的第一任总理，他认为南部地区将会对国家的命运起到至关重要的作用，因为大部分为沙漠的南部地区占了以色列国土面积的60%。为了发挥南部地区的作用，内盖夫本－古里安大学于1964年成立。现在，该大学有超过2万名学生，其中本科生1.3万名，博士生1300名，硕士生6700名。本－古里安大学设有三个校区，分别位于贝尔谢巴、斯代博克和埃拉特。大学下设5个学部（健康科学、自然科学、商业管理、人文和社会科学）和6个学院（研究生院、医学院、社区健康、药学、医药实验科学、继续医学教育）。另外还有8个研究所和61个跨学科研究中心，包括太阳能研究中心、水研究所，充分体现了大学对研究的重视。

BGN技术公司是本－古里安大学的技术转化部门，致力于将大学的知识产权商业化，将研究成果转化为带来资本收入的技术产品。本－古里安大学拥有世界领先的水和太阳能研究水平。著名的校友包括曾任财政部、科技部和外交部部长的西尔万·沙洛姆和以色列El－Al航空公司前任首席执行官埃里埃列泽·施克迪（Eliezer Shkedi）。

6. 巴伊兰大学

巴伊兰大学创立于1955年，现有2.6万名学生，其中本科生约为1.7万名，博士生2000名，硕士生6800名。巴伊兰大学设有九个院系和十多个研究中心。以色列规模最大的纳米技术中心就设在巴伊兰大学。

巴伊兰研究发展公司（BIRAD）是巴伊兰大学的技术转化部门，致力于将大学的知识产权商业化，以及吸引私营投资者投资，将研究成果转化为资本收入。巴伊兰大学是世界排名前 100 强的大学，其计算机科学专业尤其出色。著名校友包括以色列司法部前部长齐皮·利夫尼（Tzipi Livni）和以色列政界人士迈克尔·本－阿里（Michael Ben-Ari）。

二、以色列著名研究中心

1. 沃尔卡尼农业研究所

1921 年，伊扎克·沃尔卡尼（Yitzhak Volcani）在本谢曼市创立农业研究所——作为一个农业试验站进行农业研究。1932 年，农业站迁移到特拉维夫区的雷霍沃特。在沃尔卡尼 1951 年去世后，以色列农业部接管了农业研究所，并更名为沃尔卡尼农业研究所，以纪念研究所的创办人。

后来，沃尔卡尼农业研究所搬到同样在特拉维夫区的贝特达甘，并入国家农业研究机构总院（ARO），后者隶属于以色列农业与发展部。国家农业研究机构下设六个研究所和三个研究试验站。沃尔卡尼研究所专门研究干旱地区的农业发展、污水循环灌溉、海水淡化、水资源短缺地区的淡水农业发展、加强农作物优化和生产，在植物保护科学、动物科学、土壤研究、水和环境科学、农业工程和食品科学六个领域的研究非常活跃。沃尔卡尼农业研究所与以色列几所著名大学合作，共同培养农业研究相关领域的研究生。该研究所还通过马沙夫国际合作计划，帮助发展中国家培养农业专业技术人才。此外，国家农业研究机构总院也成立了自己的技术转化公司——Kidum 研究与发展公司，将其知识产权商业化，通过引入第三方投资者参与投资，将研究成果转化为创造资本收入的技术产品。

2. 以色列生物研究所

1952 年，恩斯特·伯格曼（Ernest Bergmann）教授创立了以色列生物研究所。伯格曼教授是以色列第一任总理本－古里安的科学顾问，还兼任国防部研发机构负责人。该研究所直属总理办公室管辖，专攻疫苗和药品、蛋白质和酶、医疗诊断、生物技术以及环境探测器等领域的研究。以色列生命科学研究公司是该研究所的技术转化部门，负责将研究所的知识产权商业化。

3. 以色列国防军专业技术单位和培训计划

以色列国防军的技术单位是以色列创新能力的重要组成部分。以色列常年面临来自周边国家的威胁，以色列的国防建设比很多其他国家更加重要。为了保持竞争优势，以色列将国防技术创新列为国家技术创新的首要任务。

4. Mamram

Mamram 是以色列国防军信息系统中心的简称，是以色列国防军研究计算机系统的核心单位。该单位成立于 1959 年，下设多个数据处理部门，例如库存处理中心和人力计算机中心。今天，Mamram 为整个国防军提供数据分析服务，并负责国防军的内部网、网络系统和一体化管理。

Mamram 被认为是世界上最出色的计算机编程机构，1994 年还专门成立了名为 Basmach 的计算机学院。2007 年，Mamram 校友联合会成立，目的在于加强 Mamram 毕业生之间的相互联系和交流。Mamram 的毕业生组成了以色列高科技产业的人力资源支柱，他们当中有许多人成为以色列大企业的高管，影响力不容小觑。例如以色列国民银行的前任首席执行官加利亚·马奥尔（Galia Maor）和 IT 行业领导者矩阵（Matrix）集团的首席执行官莫蒂·古特曼（Moti Gutman）。

5. 8200 单位

成立于 1952 年的 8200 单位主要负责收集信号情报，是以色列国防军规模最大的单位，堪比美国的国家安全局（NSA），负责从多个渠道收集军事情报。自成立之日起，该单位为以色列发展高科技产业提供了不可或缺的专业人才。曾经在 8200 单位工作过的人员创立和管理了以色列为数众多的高科技企业，包括网络全软件公司捷邦安全软件（Check Point）、网络即时通信软件 ICQ，数字记录及档案设备供应商耐斯系统（Nice Systems），卫星网络公司 Gilat，奥科语音网关技术公司（Audiocodes），以及网络处理器制造商 EZ Chip。

6. 特比昂计划

特比昂是以色列国防军的精英培训计划。该计划创建于 1979 年，旨在帮助学员在就读大学理科学位的同时在国防军服役，在国防军的研发机构内任职。该项目的毕业生大都成为以色列顶尖的科学家和企业家，例如创立了基因测序技术公司 Compugen 的伊莱·明茨（Eli Mintz）、西姆空·法格勒（Simchon Faigler）和阿米尔·纳坦（Amir Natan），捷邦安全软件的联合创始人马里乌斯·纳赫特（Marius Nacht），还有网络安全企业 Trusteer 的首席技术官阿米特·克莱因（Amit Klein）。

7. 9900 单位

普通公众对 9900 单位几乎一无所知。作为一个特殊情报部队，9900 单位专门从地图和卫星图像收集有价值的可视信息，其人员会对路线移动轨迹和野外数据进行分析。该单位不假外力，在内部独立开发尖端技术，例如传感器和扩增实境设备。9900 单位研究成果丰富，其中创新机载成像系统 VisionMap 的民用数码 3D 成像系统，已经于 2013 年以 1.5 亿美元的价格被以色列拉斐尔公司和韩国鲜京集团合作收购。

以色列的创新及国际认可

一、国际机构的认可

1. 诺贝尔奖

以色列共有 12 位诺贝尔奖得主，大部分是化学奖。其中包括 2004 年因为发现了泛素介导的蛋白质降解而获奖的阿夫拉姆·赫什科和阿龙·切哈诺夫，2009年因为对核糖体结构和功能以及细胞生成蛋白质方面的研究而获奖的阿达·尤纳斯，2011年因为发现准晶体而获奖的丹·谢赫特曼，以及2013年因为给复杂化学体系设计了多尺度模型的迈克尔·莱维特和阿里耶·瓦谢尔。以色列人频频获得诺贝尔化学奖，这是国际科学界对以色列在化学研究领先地位的认可。

此外还有诺贝尔经济学奖得主丹尼尔·卡内曼（2002年）和罗伯特·奥曼（2005年）；诺贝尔文学奖得主萨缪尔·约瑟夫·阿格农（Shumel Yosef Agnon，1966年）；诺贝尔和平奖得主梅纳赫姆·贝京（Menachem Begin，1978年）、希蒙·佩雷斯（1994年）和伊扎克·拉宾（1994年）。

2. 菲尔兹奖

菲尔兹奖正式名称为"国际杰出数学发现奖"。2010年，埃隆·林登施特劳斯（Elon Linderstmuss）由于其关于遍历理论中测度刚性的结果及其在数论中的应用而被授予菲尔兹奖。

3. 欧洲科技研发计划

以色列连续参加多项"欧盟研究与技术开发框架计划"项目，其中包括伽利略（Galileo）全球卫星导航系统以及尤里卡（EVREKA）市场导向研发网络。

2010年，作为唯一的非欧洲国家成员，以色列被选为尤里卡研发计划主席国，以期推动欧洲的工业研究和发展。2014年6月，欧盟委员会主席曼努埃尔·巴罗索（Manuel Barroso）与以色列总理本雅明·内塔尼亚胡签署协议，允许以色列加入新的欧盟研究创新计划"地平线2020"（Horizon 2020）。根据该协议，以色列与其他欧盟会员国和准会员国在研究经费使用和预算资金缴纳上具有同样的权利和义务。

4. 欧洲核研究组织——欧洲核子研究中心

欧洲核子研究中心拥有世界上最大的粒子物理实验室，2011年接受以色列成为准成员国，是其第一个非欧洲国家成员国。目前有超过40位以色列科学家在欧洲核子研究中心工作。

二、国际对标志性成果的认可

以色列在科学、技术和创新方面取得了举世瞩目的成功，在很多领域都得到了国际认可。以色列高科技初创企业的注册数量仅次于美国，人均工程师排名世界第一，受教育程度世界排名第二[1]。以色列民用研发支出占国内生产总值的比重为2.26%[2]，在经济合作与发展组织（经合组织）国家中排名第一，是经合组织平均水平的两倍。2013年，以色列的研发支出占国内生产总值的比重高达4.38%，居世界排名第一[3]，其科学技术在全球活力指数中排名第二[4]。2014年，以色列创新能力排名世界第一[5]，

---

[1] 《经合组织教育报告（2012）》。——原注
[2] 《经合组织科学与创新报告（2013）》。——原注
[3] 《经合组织科学技术报告（2013）》。——原注
[4] 《致同全球活力指数（2013）》。——原注
[5] 《洛桑国际管理发展学院世界竞争力年鉴（2014）》。——原注

企业活力排名世界第一，全球创新指数排名第三。2014 年，以色列在全球清洁技术创新指数中也名列榜首①，人均专利申请数量全球第五②，以色列研究机构整体质量位居世界第三。

重要成果

以色列一直走在国际科技发展前沿。凭借其强大的研发能力、世界领先的大学和研究中心以及创新团队，以色列不但涌现出国际著名的研究人员，众多本地行业也能够取得许多突破性的创新成果。

StoreDot 首席执行官多伦·迈耶斯多夫

例如英特尔的迅驰和酷睿二代双核处理器技术、M-Systems 的 USB 闪存驱动器、Given Imaging 研制的世界上第一个胶囊内窥镜、Elsint 的 CT 扫描技术、Vocaltec 的 IP 电话系统、网络即时通讯软件 ICQ 和 Indigo 的商用

---

① 来源：清洁技术集团和世界自然基金会（2014）。——原注
② 《世界经济论坛全球竞争力年鉴（2014—2015）》。——原注

数字胶印彩色印刷技术。最新的创新成果还有 Viber 软件的 VoIP 网络电话系统、众包地图的社会化 GPS 预警和 StoreDot 的快速充电电池等。

在农业方面，1973 年，两位以色列农业科学家培育了一种西红柿新品种，在炎热的气候里，这种西红柿的成熟期比普通品种更晚。以色列的石榴生产技术非常先进，闻名世界。当地培育的石榴品种每公顷平均产量高达 25—35 吨，而且果实质量更优，味道更好。以色列农民利用创新技术建造温室系统，在每一生产季度，每公顷平均生产 300 万支玫瑰花，生产超过 300 吨西红柿，是户外土地产量的四倍。欧洲 40% 的番茄温室种植使用以色列研制的种子，生产出保质期长的杂交番茄[1]。

以色列是世界第二大枇杷产地，仅次于日本，也是世界领先的新鲜水果生产国之一。其水果出口品种包括橙子、西柚和橘子。

在棉花种植方面，以色列通过技术创新，成功缩短了棉花生长周期，同时提高棉花产量。使用温室技术提高园艺生产力，温室大棚系统的种植效率是传统种植法的三倍。因此，以色列的花卉产品有 80% 出口到欧洲。

在乳制品方面，以色列已经开发出许多创新性技术，例如使用先进的电脑化挤奶和饲养系统，使用冷却系统减少奶牛热应激，还研究胚胎移植技术、鲜奶加工设备，提供技术咨询服务和国际联合项目开发。在畜牧业方面，以色列用改良型的阿华西羊和德国弗里斯羊杂交，培育出产奶量更高的阿萨夫绵羊。此外，以色列利用先进基因技术培育的以色列荷斯坦奶牛，其产奶能力更优越，以色列还因此曾在国际上获奖。事实上，以色列

---

[1] 以色列工业、贸易和劳工部：《以色列投资报告（2011）》。——原注

的奶牛单位产奶量世界最高，平均每年单产1万公斤以上。

因为全国60%的国土都是沙漠，以色列的水循环行业领先于全球也就丝毫不会让人感到奇怪，其循环水利用率高达80%①。以色列农业的水资源利用率达到70%—80%，同样也是世界第一。因此，以色列每单位水的作物产量也是世界最高的。

作为世界灌溉领域的领头羊，以色列拥有创新性的灌溉技术和配套设备，例如滴流灌溉、自动阀门和控制开关、自动过滤技术、低排放量的喷雾器、使用低含盐量水、微型喷水设备、补偿式滴头和喷水设备。这些创新技术帮助以色列在农业发展上取得了许多突破。

以色列拥有世界上最大的使用反渗透技术的海水淡化厂，年生产能力达到1.4亿—1.5亿吨，每立方米淡化水平均成本低至0.52美元，是目前全球运营成本效率最高的海水淡化厂。这项技术帮助以色列克服了严重的水资源匮乏问题，实现国家用水自给自足，为日益增长的经济和人口发展提供足够的水资源②。目前以色列50%的城市用水是海水淡化水。同时，阿拉瓦沙漠下面发现的地热水则用于为温室和水产养殖场加热。

在能源行业，以色列在20世纪50年代已经优化平板太阳能热水系统。目前以色列是世界上人均太阳能利用率最高的国家，85%的家庭使用太阳能热水器，还拥有全球领先的新太阳能技术，由BrightSource能源公司的子公司Luz开发的太阳能热量提升技术就是例证。

以色列在生命科学多个领域的发展也遥遥领先，人均医疗设备专利数

---

① 排名第二的国家是西班牙，循环水利用率为18%。——原注
② 很多人曾经认为以色列必须从外国进口水才能满足国内的用水需求。——原注

量位居世界第一，生物医药专利总量排名第四。以色列生物技术公司人均后续产品线数量在欧洲排名第二，细胞疗法临床试验数量排名第一。

在越来越重要的国土安全方面，以色列取得的创新性成果包括以色列航空工业公司首次推出的军用无人驾驶飞机（UAV）、拉斐尔公司开发的世界第一艘无人水面艇以及军工科技公司埃尔比特系统（Elbit Systems）发明的前视红外线技术。

三、国际金融市场的认可

在美国上市的外国公司数量上，以色列排名第三，位列加拿大和英国之后。而在纳斯达克上市的公司中，除了美国本土企业之外，以色列公司的数量最多。大约有70家以色列企业在欧洲证券市场上市交易。以色列企业在国际市场上的成功，也有赖于以色列先进技术产业协会的协调和支持。在卡琳·梅耶·鲁宾斯坦（Karin Mayer Rubinstein）的领导下，以色列先进技术产业协会（IATI）代表了以色列高科技和生物技术产业的方方面面，拥有各式各样的会员群体，包括初创企业、跨国企业和创业投资公司。

第五章
以色列的高科技产业及杰出行业

以色列高科技产业的创立与发展历程

以色列生机勃勃的科学、技术和创新，使其能够将研究和开发上的优势，转化为各行各业的蓬勃发展，成为国民经济的重要组成部分。现在以色列已经成立了数以千计的高科技企业，这些企业与中端科技企业一起，对以色列出口总额的贡献率超过80%。这段历史本身就是一个引人入胜的传奇故事。

一、始创阶段：20 世纪 60 年代至 21 世纪初

1. 以色列的高科技根基

以色列的高科技产业在 20 世纪 60 年代初开始出现。1961 年成立的 ECI 电信公司与 1962 年成立的埃尔龙（Elron）公司和塔迪兰（Tadiran）电子公司，构成了以色列高科技产业的根基。在此基础上，数以千计的创新公司应运而生。这三家先驱高科技企业开发的技术和才华横溢的人力资

本，催发了以色列高科技产业的成功。

出生于罗马尼亚的犹太人加利尔（Uzia Galil）为了逃离纳粹的迫害离开欧洲，最终来到以色列理工学院学习工程技术。他创立的埃尔龙公司一开始生产医用测量仪器和电子产品。1966年，埃尔龙与以色列国防部联合成立埃尔比特（Elbit）计算机公司，致力于打造供国防使用的微型计算机。1967年推出了Elbit 100计算机，随着时间的推移，埃尔比特也成长为以色列规模最大的企业之一。1996年，埃尔比特衍生出子公司，成立了世界领先的国防电子产品企业埃尔比特系统公司，以及医疗器械公司埃尔比特医疗成像（Elbit MedicalImaging）。后者旗下包括著名的医疗成像公司Elsint。

Elsint由亚伯拉罕·苏哈密（Avraham Suhami）博士于1969年创立。苏哈密博士在14岁时从土耳其移民到以色列，后来成为以色列理工学院的核物理学教授。在埃尔龙的资金支持下，Elsint发展成为世界领先的医疗成像公司之一。1972年，Elsint成为以色列第一家在美国纳斯达克上市的公司。Elsint的创新成果推动了世界在医疗成像领域的进步，其中包括世界第一台多层螺旋CT扫描仪。1999年和2000年，Elsint将其医疗成像业务出售给通用医疗（GE Healthcare）和飞利浦医疗系统（Philips Medical Systems）。

埃尔龙还参与创建了几家具有全球视野的以色列高科技龙头企业。成立于1981年的澳宝科技（Orbotech）是一家世界领先的自动光学检测和计算机辅助制造系统生产商。卓然（Zoran）成立于1983年，专门提供电子消费品原始设备制造商（OEM）全面解决方案。1998年成立的Given Imaging 开发出带有微型摄像头的视频胶囊，可以在病人体内进行无创医疗诊断。

塔迪兰作为一家以色列控股公司也设立了一系列著名的以色列公司①。

1982 年，首批以色列公司在美国纳斯达克上市，除了 Elsint 之外，还有专门生产高端电子设备的 ECI 电子公司，即现在的 ECI 电信。自成立以来，ECI 电信取得的技术突破不胜枚举，例如电话线倍频器（1977 年）、DSL 的最早期版本之一的 HDSL（1993 年）、长话质量 IP 电话（2002 年）、粗波分复用（2003 年）、带传送平台的以太网交换机/路由器、三级动态频谱管理（2009 年）、以及网络设计平台（2009 年）。

20 世纪 70 年代和 80 年代，RAD 集团与其他几家以色列公司对以色列高科技产业的蓬勃发展作出了巨大贡献。耶胡达·兹萨贝尔（Yehuda Zisa-pel）和祖海尔·兹萨贝尔（Zohar Zisapel）在 1981 年创立了 RAD 集团，他们来自波兰移民家庭。RAD 集团由多家独立运作的公司组合而成，形成了独一无二的企业集群，活跃于电信和网络技术行业②。其中 Radcom、Ceragon Networks、Radware 和 Silicom 四家公司已在美国纳斯达克上市。Rad 集团帮助超过 50 名高管进行多次创业，目前已经成功创立数百家著名以色列高科技企业。

---

① 塔迪兰控股公司包括塔迪兰电信、塔迪兰电池、塔迪兰家用电器、塔迪兰系统、塔迪兰光谱链路、塔迪兰通信、伊图兰 & 塔迪兰（Ituran & Tadiran）智能导航。——原注
② RAD 集团旗下公司包括 Bynet、Rad 数据通信、Silicom 连接性解决方案、Radcom、Ceragon 网络、Radware、Radwin、Packetlight 网络、RADiFlow 和 SecurityDAM。——原注

2. 影响以色列高科技产业崛起的外部因素

由于常年面临来自周边国家的严重敌视，以色列在建国之前便不得不开始发展军事工业。刚开始的发展重点是小型武器，例如世界著名的乌兹冲锋枪（Uzi），设计于 20 世纪 40 年代末。1967 年"六日战争"① 之后，法国所实施的武器禁运，反而进一步促进了以色列安防工业的发展。

随着以色列安防工业在 70 年代的繁荣发展，许多军工技术成果也开始转向民用领域。埃夫拉伊姆·阿拉齐（Efraim Arazi）在 1968 年成立的赛天使（Scitext）公司便是军工技术应用于民用领域的成功例子。埃夫拉伊姆·阿拉齐曾经在麻省理工学院攻读工程学，后来加入以色列国防军研究电子技术。赛天使公司推出了具有划时代意义的数字印刷系统，所使用的旋转鼓式干燥器一开始便是用于电子作战系统的。

1985 年，赛天使与美国公司 Continental Can 联合成立 Context Graphics System。在硅谷图形公司工作站的基础上，该公司发明了二维和三维设计系统。20 世纪 90 年代，赛天使公司解散，旗下子公司 Scitex Vision 被惠普收购、数字印刷被伊斯曼柯达公司（Eastman Kodak）收购、平面艺术组被 Creo 产品公司收购。

20 世纪 80 年代，全球计算机产业发展重心从硬件转移到软件，进一步推动以色列向高科技大国转变。以色列开始拓展尚未被美国主导的小众软件领域。从 80 年代中期到 90 年代初，以色列软件年出口额呈指数级增

① 即第三次中东战争，以色列方面称"六日战争"，阿拉伯方面称"六月战争"。战争始于 1967 年 6 月 5 日，共进行了 6 天。——编者注

长，从 500 万美元增长到 1.1 亿美元。

在此腾飞时期成立的许多以色列软件公司今天仍然是全球软件市场的佼佼者，知名企业为数众多，不胜枚举。成立于 1982 年的 Aurec Information 为全球各大通信企业、媒体和娱乐公司提供软件和服务；Magic Software Enterprises 成立于 1983 年，为企业移动、云、应用和商务一体化等业务提供软件平台；世界领先的康维科技（Comverse）致力于开发和推广电信软件，其前身是 1983 年成立的 Efrat Future Technologies；阿拉丁知识系统（Aladin Knowledge Systems）创立于 1985 年，主营数字权利管理和网络安全软件，2009 年被美国公司赛孚耐（SafeNet）收购；1986 年成立的耐斯系统（Nice Systems），核心技术包括电话录音、数据安全和监控；Mercury Interactive 成立于 1989 年，专注设计应用管理软件、应用交付软件、变更和配置管理软件、质量保证和 IT 管理软件，2006 年被惠普公司收购；捷邦安全软件技术公司在 1993 年设计了世界第一个防火墙，该公司是世界领先的 IT 安全软硬件产品生产商。

3. 美国跨国公司先驱在以色列设立研发中心

具有开拓精神的跨国公司，尤其是美国企业，迅速意识到以色列在高科技产业的发展优势，特别是研究与开发（R&D）优势。1950 年，IBM 成为第一个进入以色列的外国科技公司。IBM 在以色列的公司从组装和维修打卡机开始，到 1956 年在以色列开设一家工厂，随后提供计算机数据处理服务。1972 年，IBM 在海法成立了在以色列的第一个研发中心，至今该中心仍然在进行计算机科学、电力工程、数学科学、工业工程等领域的研究。英特尔 1974 年也在海法成立了研发团队，随后研究成果非常丰富，其中包括 1997 年研制出第一台个人电脑处理器即奔腾 MMX（Pentium MMX），以及迅驰处理器。

在这些早期成果的带动下，更多公司在以色列设立研发机构。2007年，谷歌在以色列设立研发中心，由以色列理工学院计算机科学毕业的约勒·马瑞克（Yoelle Maarek）出任主管。在她的领导下，该研究中心成功推出"谷歌搜索建议"功能。其他在以色列设立研发中心的著名企业还有美国的惠普、美满科技、雅虎，欧洲的西门子、SAP，还有亚洲的三星、LG、海尔和华为。

4. 互联网繁荣与危机

以色列有一家叫作神奇（Mirabilis）的公司开发了一款名为 ICQ 的即时通信软件系统，至此完全颠覆了互联网的交流方式。1996 年，在公司成立仅八个月之后，虽然尚未创造收益，仍然以 4.07 亿美元的价格被 AOL 收购。这家公司的成功，使其他以色列企业家受到激发，他们从 1997 到 2000 年间成立了数以千计的初创企业并成功获得了投资。

2000 年，以色列初创企业募集的风险投资从 1999 年的 19 亿美元激增至 37 亿美元。在此期间，超过 50 家以色列公司在美国纳斯达克或其他国际市场完成首次公开募股。

这次增长有几个影响因素：国际媒体对以色列创新能力的报道越来越多；苏联大量高技术人才移民到以色列；1993 年，以色列与巴勒斯坦解放组织签署了《奥斯陆协议》，使人们对未来政治环境的改善产生了积极的预估，尽管该协议最终并未导致和平。

互联网繁荣在 2000 年美国纳斯达克指数达到历史最高点时到达顶峰，然后泡沫突然破裂，拖累全球科技行业跌到谷底，即使是思科这样的蓝筹股下跌幅度也达到 86%。互联网泡沫对以色列高科技产业造成严重冲击，也影响了以色列本地的创业热情。但是，情况在接下来几年里大为好转，以色列高科技产业也得到强健的复苏。

二、创业的国度（21 世纪初至今）

创业的国度①一词广泛用于描述以色列在全球高科技产业的影响力和领先地位。以色列在自己"硅谷"的创业创新仅次于美国的硅谷。进入 21 世纪以来，以色列大约创立了 1 万家高科技企业，其中超过 5400 家至今仍在运营。越来越多以色列公司到美国的股票交易所上市，在纽约证券交易所上市的有 7 家，在美国证券交易所上市的有 6 家；大部分以色列公司选择在纳斯达克上市，截至本书英文版出版前，数量达到 74 家。自 2006 年起，以色列高科技产业发展非常活跃，各项指标均出现显著增长，如创业公司数量、风险投资、私募股权基金、通过并购或上市获益等等。

1. 创业投资和私募股权社区的成长

"创业的国度"这种创业精神产生强大的创业动力，而以色列风险投资机构和私募股权投资基金数量日益增长，使这种创业动力更加强劲。以

---

① 因丹·塞诺（Dan Senor）和索尔·辛格（Saul Singer）2009 年出版的作品《创业的国度》而流行于世。——原注

色列政府曾设立亚泽马（Yozma）风险投资项目，同时引入国际风险投资，通过政府初期引导，促进以色列资本市场发展。以色列风险投资的来源还包括外国跨国企业的投资部门（英特尔和微软）、外资投资基金（指数创投、维港投资和以色列亚洲基金）和以色列本土风险投资公司（Pitango，JVP 和 Gemini）。2006 年，以色列高科技产业的 402 家公司共募集风险投资 16 亿美元。2014 年 668 家公司募集的风险投资总额高达 34 亿美元，是 2006 年的两倍多。

募集的风投资金主要流向互联网（28%）、生命科学（24%）、软件（22%）等行业。在全球金融危机期间，2009 年和 2010 年募集的风投资金均达到 12 亿美元。

2. 上市公司越来越多

评价以色列高科技产业发展活力的一个明显指标，是以色列企业在美国，尤其是在纳斯达克上市（IPO）的数量。自从 20 世纪 80 年代以来，以色列有超过 250 家公司在美国纳斯达克完成上市，此后许多公司被收购、合并或者退市。2000 年是以色列公司上市最活跃的一年，在当年上市的公司中，30% 以上的企业仍然在交易所挂牌交易。

从那以后，以色列公司每年上市数量不定，但是仍然有所增长。例如，2006 年上市的著名企业包括宽带优化公司 Allot 通讯、软件公司 Perion、网络和安全技术公司 Supercom；2007 年上市的包括国防军工企业 Acro、电信公司 B 通信、以太网和无线宽带供应商 Mellanox 技术、生物技术公司 OrganiTech、生物技术公司 Rosetta Genomics、全球通信网的卫星服务公司 RRS、IP 电话解决方案供应商 Veraz 网络和石油天然气勘探公司 Zion Oil & Gas。

2008 和 2009 年，上市的企业有 Cell Kinetics 和 Prolor Biotech 两家生物技术公司以及移动手机运营商以色列 Cellcom 公司。接下来两年上市的企业包括自来水碳酸饮料设备公司 SodaStream，生物医药公司 BioLineRX，数据安全公司 Imperva 和石英石表面材料制造商 Caesarstone。2013 年上市的包括医药公司 Alcobra，Kamada 和 Oramed，生物技术公司 Enzymotec，医疗设备公司 Mazor Robotics，还有网站生成器公司 Wix。

2014 年是以色列在过去十年里在上市公司数量（18 家公司，大部分在纽约和伦敦）和募集风投资金方面最活跃的年份，募集资金总额达到 98 亿美元。而 2013 年的数字仅为 12 亿美元。在纽约证券交易所高调上市的企业有研发高级驾驶辅助系统的 Mobileye，该公司上市募集资金 10 亿美元，成为当年以色列规模最大的上市。在纳斯达克上市的公司包括软件公司 CyberArk，数据和访问控制公司 Varonis Systems。还有公司在伦敦证券交易所上市，包括支付技术公司 SafeCharge，货币化公司 Crossrider，以及数字媒体公司 Matomy Media Group。

3. 大量并购活动

评价以色列高科技产业发展活力的另一个指标是企业并购的数量。以色列高科技企业备受跨国企业青睐，尤其是有意收购技术公司的美国跨国企业。欧洲跨国企业也曾成功收购以色列企业，但是数量不及美国。亚洲企业，尤其是中国企业，近年来也进入了前景看好的以色列市场，在过去几年里已经开始了初始投资。

2014 年，以色列高科技产业完成了 82 起并购，累计金额达到 50 亿美元。跨国公司投资的趋势是收购处于早期阶段的初创企业，这些企业估值更低，创新合作的空间更大。此外，他们也会投资目标明确的"量身定制型"的基金公司，例如以色列亚洲基金，以分散风险，提升产业协同效应。下表是部分跨国企业收购以色列企业的案例。

表 5-1　部分跨国企业收购以色列企业案例

跨国企业收购方	以色列被收购企业
美国	
亚马逊	Annapurna Labs
苹果	Anobit，PrimeSense
思科	Class Data Systems，HyNEX，Seagull semiconductor，PentaCom，P-Cube，Riverhead Network，Intucell，Sheer Networks，NDS Group，Infogear
Dropbox	Cloudon
易贝	Shopping. com，Fraudscience，The Gift Project
Facebook	Snaptu，Face. com，Onavo
谷歌	LabPixies，Waze
惠普	Nur Macroprints，Mercury Interactive，Shunra
IBM	Diligent Technologies，Storwize，Worklight，Trusteer
英特尔	Telmap，Omek Interactive
微软	Whale Communications，Gteko，Ya Data，3DV Systems
孟山都	Rosetta Green
摩托罗拉	Terayon，Bitland
闪迪	M-Systems
雅虎	FoxyTunes，Dapper，RayV，ClarityRay
欧洲	
Orange	Orca Interactive
SAP	Top Tier Software，TopManage，A2i
西门子	Tecnomatix，Solel Solar

续表

跨国企业收购方	以色列被收购企业
亚洲	
中国化工	Makhteshim Agan
光明食品	Tnuva
复星国际	Alma Lasers，The Phoenix Insurance Group，Ahava
乐天	Viber
SK 集团	Camero
新加坡电信	Amobee

以色列先进的高科技行业

以色列高科技产业在一些特色领域也占有领先地位。以色列自然资源十分有限，为了处理因此产生的各种问题，国家必须努力寻找创新的解决方法。长此以往，以色列便掌握了各行各业的先进专业技术。以色列优秀的特色领域很多，其中包括农业技术、清洁技术、国土安全和网络安全、生命科学和生物技术。

关于以色列高科技行业及各行业创新成果的完整介绍，详见书后附录 2。

第六章
以色列创新生态系统的成功秘诀

以色列创新生态系统之所以能够取得举世瞩目的成功，离不开几个重要因素，例如：政府的支持、成熟的风险投资环境、多元化的专业人力资源和高度发达的技术基础设施。这几个因素相互作用，形成合力，推动以色列高科技产业不断发展壮大，使以色列逐渐成为全球科技行业的领头羊。

政府和公共支持

一、首席科学家办公室

以色列工贸部首席科学家办公室（简称首科办）于 1974 年成立，现任首席经济学家是阿维·哈桑。首科办负责贯彻执行政府支持工业研发（R&D）的相关政策，通过引导和发挥以色列科研优势、提供财务支持和优惠等手段鼓励技术创新和创业，以刺激经济增长。

以色列工业研究开发中心

首科办已推出多个项目鼓励创新，由以色列工业研究开发中心（希伯来语为 MATIMOP）贯彻执行。工业研究开发中心主要负责协调国际研发合作项目，目前已与北美（美国和加拿大）、欧洲（德国、法国、荷兰、俄罗斯、瑞士和英国）和亚洲（中国、印度）的许多国家和地区签订双边研发合作协议。

以色列还与多个北美和亚洲国家合作建立双边研发基金，其中有与美国合作成立的以色列—美国工业研发基金会（BIRD），与加拿大合作成立的加拿大—以色列工业研发基金会（CIRDF），与新加坡合作成立的新加坡—以色列工业研发基金会（SIIRD），以及与韩国合作成立的韩国—以色列工业基金会（KORIL）。

此外，以色列已签署多边协议加入多个国际项目，包括全球最大的工业创新项目"尤里卡计划"、欧洲卫星导航和定位系统项目"伽利略计划"、促进欧洲科研合作的欧洲智能电网 ERA-Net 和促进欧盟科研与创新的框架计划"地平线 2020/ ISERD"。

二、创建以色列风险投资行业

1. 亚泽马项目

在风险投资行业形成之前，以色列出现过一些私营风险投资的尝试。以色列第一家本土风投基金——雅典娜创投（Athena Venture Partners），在1985年由丹·托尔科斯基（Dan Tolkowsky）、吉迪恩·托尔科斯基（Gideon Tolkowsky）博士和弗雷德里克·阿德勒（Frederik Adler）创立。丹·托尔科斯基曾任以色列空军总参谋长和上将，弗雷德里克·阿德勒是经验丰富的美国风险投资专家，吉迪恩·托尔科斯基与亚丁·考夫曼在1990年成立了另一家先驱企业 Veritas 创投管理公司。

不过，以色列政府有意愿创建可持续的本地风险投资行业，为早期的创新项目提供融资，这才是最终让以色列成为全球科技创新中心的关键。1993年，首科办成立亚泽马（希伯来语，意思是"创始和创业"）项目。与此同时，政府投入1亿美元资金成立国有风险投资公司，该公司将8000万美元资金投向10只处于创建初期的私营风险投资基金（每支基金800万美元），另外2000万美元资金直接投资给高科技企业。

风险投资基金必须满足几个条件才能获得政府的资金支持。首先，新成立的风险投资基金不受现有金融机构的控制，以保障市场竞争。新成立的风投基金还要有以色列本地的管理团队和知名投资者（例如外资有限合伙人和本地金融机构投资者）。以色列政府的投资吸引了1.5亿美元国内外投资。

第六章
以色列创新生态系统的成功秘诀

亚泽马项目的成功大力促进了以色列职业风险投资行业的发展。引入经验丰富的外国有限合伙人也显著增强了本地从业人员的学习过程。

1992—1993 年，以色列风险投资资金在一年内从 2700 美元激增至 1.62 亿美元。这是 20 世纪 90 年代的一次标志性增长，此后以色列风险投资行业在募集资金总量和风险基金数量上都经历了更加强劲的发展。除了 2009 年和 2010 年之外，以色列风险投资行业每年吸引的资金均超过 10 亿美元[①]。

经过五年的运营，并在私营投资者利用投资的盈利购买了亚泽马项目在最初设立的 10 只风投资基金中的政府资本之后，亚泽马项目主动结束。至此，亚泽马项目已经通过两个重要举措让新生的以色列风险投资业蓬勃发展起来：第一，政府与投资方共担风险，为投资者提供优惠的投资政策；第二，政府为初创企业的早期阶段创新提供资金支持，鼓励以色列科技生态系统的企业家创业。

---

① 以色列风险投资研究中心 IVC。——原注

表 6-1　亚泽马基金：以色列风投行业的支柱

名称	年份	初始规模 （百万美元）	外国有限 合伙人	国家
亚泽马	1993	20	无	以色列
Gemini	1993	25	亚帝文	美国
Inventech	1993	20	Van Leer 集团	荷兰
JVP	1993	20	Oxton	美国
Polaris（Pitango）	1993	20	CMS	美国
Star	1993	20	TVM，新加坡电信	德国、新加坡
Walden	1993	25	华登国际	美国
Eurofund	1994	20	戴姆勒－奔驰，DEG	德国
Nitzanim	1994	20	AVX，Kyocera	美国、日本
Medica	1995	20	MVP	美国
Vertex	1996	20	Vertex International	新加坡

来源：亚泽马。

2. 孵化器项目

首科办 1991 年设立的孵化器项目一直运营至今。1986—2006 年，成千上万苏联工程师和科学家移民到以色列，孵化器项目的设立初衷，就是充分利用他们丰富的知识和经验。

首科办一开始成立 6 个孵化器，支持技术企业家处于种子期和早期阶段的技术发展。以色列私人投资者可通过竞标从首科办获得为期 8 年的孵化器经营许可，目前以色列有 27 个私营孵化器，平均每个孵化器可容纳 8 个初创企业，孵化期为两年。平均每个初创企业的预算总额为 50 万美元，85%由首科办拨款支持，15%由私营投资者承担。首科办通过向成功的资助企业收取特许使用费的方式回收政府投资，收费比例大约是这些企业总收入的 3%—5%。

孵化器项目的作用和亚泽马项目一样，刺激和促进了以色列创新生态系统的发展和成熟。

三、技术集群

以色列政府通过推出有力的公共政策引导经济发展，其中之一是鼓励在国家的不同地区形成技术集群。目前以色列建有 27 个覆盖各行各业的创新科技园区，遍布全国各地。高科技多元化发展为地方人口参与建设当地创新生态系统提供了独一无二的机会，从而形成了具有以色列地方特色的区域创新中心。例如，由于毗邻内盖夫沙漠，贝尔谢巴在可再生能源领域，尤其是太阳能方面拥有出色的专业能力和技术水平。

1. 以色列北部：海法、约克尼穆、凯撒利亚

海法是以色列最大的技术集群区域之一，建有多个科技园。马塔姆（Matam）科技工业园拥有为数众多的初创企业、大型高科技企业和 IBM、英特尔、雅虎、谷歌、NDS 集团、埃尔比特系统等跨国企业的研发中心。海法还有一个生命科学园，园内机构全部是生命科学企业和研究机构，例如拉帕波特家族医学研究所和兰巴姆医疗卫生园。此外，以色列理工学院和海法大学也在海法设有多个分支机构。

超过 100 家世界领先的技术企业进驻了约克尼穆的工业园，具有代表性的企业包括英特尔、松下、Given Imaging、Mellanox 技术、美满技术和

Lumenis。约克尼穆附近的大型技术集群位于凯撒利亚，也是一个先进高科技中心，进驻的企业有 170 多家。

2. 以色列中部：海尔兹利亚、特拉维夫、赖阿南纳、耶路撒冷

以色列中部地区拥有全国最大的技术集群，其中覆盖范围最广的要数海尔兹利亚。海尔兹利亚建有七个高科技工业园，容纳了如苹果、西门子、CA、微软和 RSA 等世界技术巨头，和如 Verint、Matrix 等以色列领先科技公司，以及大量初创公司。以色列著名大学海尔兹利亚跨学科研究中心（IDC）也活跃于当地肥沃的创新生态系统。

以色列旗舰工业园海尔兹利亚内的微软大楼

除了大量初创企业之外，特拉维夫也吸引了许多国际科技公司在此设立分支机构，例如谷歌和 Facebook。为了吸引更多以色列和国际企业家，特拉维夫推出各种激励措施，包括创业补贴、市级税收激励方案和免费办公场所。拥有特拉维夫大学和巴伊兰大学使特拉维夫的创新生态更加丰富。

赖阿南纳位于特拉维夫附近，其高科技工业园也拥一批创新科技公司，包括拥有全球竞争力的以色列企业 Amdocs 和耐斯系统（Nice Systems），以及梯瓦（Teva）和飞利浦（Philips）合作运营的孵化器 Sarana Ventures。

耶路撒冷的几个商业园区也是以色列经济生态系统的组成部分，IBM 和亮源能源（BrightSource Energy）等跨国企业在此设立分支机构。耶路撒冷还有以色列知名的条件接收系统公司 NDS（已被思科收购）和数量众多的初创企业。希伯来大学和耶路撒冷技术学院也丰富了当地的创新生态系统。

3. 以色列南部：贝尔谢巴

贝尔谢巴位于内盖夫沙漠，多年来一直是以色列重要的技术集群中心。贝尔谢巴拥有多个高科技工业园，其中建成不久的先进技术园也是以色列国家网络安全总部。进驻贝尔谢巴的企业有德国电信、EMC、Ness、DbMotion、甲骨文、埃尔比特、洛克希德·马丁、IBM、RAD 和奥科语音。内盖夫本–古里安大学对贝尔谢巴的创新生态系统具有促进作用，大学校园内有著名的医疗研究机构索罗卡医疗中心。

四、以色列和外国风险投资

20 世纪 90 年代，以色列风险投资基金只有十几家，2015 年增加至 115 家。以色列的风投基金，如 Pitango，Carmel，JVP 和 Gemini，在以色列风险投资市场占有主导地位。在以色列资本市场发展初期，投资主体主要是美国投资机构，紧跟其后的是以色列本土的金融机构。如今，以色列风投基金的投资主体更加多元化，欧洲和亚洲跨国企业与金融机构也开始进入以色列风险投资市场。

以色列高科技创新生态系统的勃勃生机吸引许多外资企业前来投资，目前外资占以色列资本市场的比重接近 50%。外资可通过以下几个方式投资以色列市场：在以色列设立分支机构、直接从海外投资、通过跨国企业的风险投资公司（例如英特尔投资公司）。

大部分外国投资者来自美国，尤其是来自美国硅谷的企业，例如红杉资本（Sequoia）、基准资本（Benchmark Capital）和布隆伯格资本（Blumberg Capital）。目前欧洲有七家风险投资公司在以色列运营，包括克雷奥斯资本（Kreos Capital）和阿尔塔伯克利创投（ALta Berkeley）。亚洲企业近年来愈加重视以色列市场，对以投资增长较快，最引人瞩目的企业当属李嘉诚旗下的维港投资、三星创业投资公司和以色列亚洲基金。

以色列风险投资基金的最大来源仍然是美国。在以色列风险投资市场，来自美国的有限合伙人（LP）数量约占总量的 70%，剩余 30% 有限合伙人则来自欧洲和亚洲。

但是，随着亚洲经济（主要是中国）的崛起，以色列投资市场格局将会很快发生变化。据估计①，在 5—10 年内，亚洲将与美国平分秋色，成为以色列两大外资来源地。在有限合伙人比例上，亚洲和美国分别占40%，而以色列和欧洲分别占 10%。

技术人力资源

一、移民

以色列是一个移民国家。目前以色列人口约为 800 万，自 1948 年建国以来，超过 300 万移民在以色列定居，其中 100 多万移民来自苏联，15 万来自北美洲，8 万来自法国，7 万来自阿根廷，3.5 万来自英国，2 万来自南非②。

大部分以色列移民拥有良好的教育背景，尤其是来自苏联的移民，他们大多在工程学、数学、物理学和生命科学等领域持有高等学位。这部分移民里有成千上万的杰出科学家，他们成为以色列高科技产业的中坚力量，尤其在研究与开发领域。其他来自世界各地的移民也各司其职，利用他们的知识技能以及遍布全球的人脉关系，推动了以色列经济生态系统的发展。

---

① 安永和以色列风险投资研究中心。——原注
② 数据来自以色列中央统计局。——原注

二、创业文化

在以色列 1948 年建国之时，国家自然资源匮乏，基础设施极其有限。那时候的新移民很多是出于意识形态的原因来到以色列。他们发现以色列是个一穷二白的国家，从公路到铁路，从通信系统到公用设施，从行政管理到基本生活必需品，一切都得从零开始。为了生存和发展，以色列的建国先驱们迅速开发出创业技能。

这种勇于拼搏、在逆境中求生存的精神，铸造了以色列人民的思维方式。今天以色列的创新能力和技术如此发达，根源在于建国初期的艰苦奋斗。那时候，国家的成败取决于能否找到创新方式以尽可能低的代价解决问题。"ein Breira"成为全国性口号——"我们必须成功，别无选择"。无论国家和人民都没有丰富的财政资源。以色列就像一个大熔炉，不论思想、背景、语言和教育水平，将所有人都融合其中，孕育出一个歌颂企业家精神，信奉"创业才有活路"的新社会。这种思维方式使以色列人民能够依靠自己的创新思想和企业家改变世界。

在今天的创新科技舞台上，以色列之所以取得举世瞩目的突出成就，靠的就是以色列人永不放弃的精神。打破常规并不是以色列人的口头禅，而是铭刻在他们脑海里的信念。他们相信，只有打破常规，才能找到处理问题的创新方法，得到最具成本效益的结果。

三、经验丰富的二次创业者

以色列人是天生的企业家，因为他们别无选择，只能承受风险去创立不同的企业。1948 年的时候，以色列根本没有什么企业可言，政府部门提供的就业机会也相当有限。要生存下去的唯一方法，就是创立企业。

20 世纪六七十年代，全球信息技术行业开始发展，许多有科学背景的以色列人能够在技术相关的服务业发挥聪明才智。他们创立了属于那个年代的创业公司，这些公司往往归于同一个集团领导。例如 RAD 集团授权给五十多位管理人才，使他们成功创立了一百多家企业。

以色列创新生态系统成功的另一关键因素，是"二次"创业家效应。以色列公司的创始人通过并购或上市（IPO）成功退出后，大部分会选择创立新的企业。这些创始人往往会加入"天使"投资或导师项目，他们的知识可以分享给更多的创业者，因此可能进一步增加新创企业的数量。连续创业家也不罕见，他们在有生之年已经创立了三四家，甚至可能更多的公司。

四、计算机专业大学生

每年有一批受过良好教育的计算机科学专业毕业生进入劳动力市场，有助于保持以色列的创新活力。在本科和硕士阶段，计算机科学都是最受大学生青睐的专业之一。以色列人认为考入以色列精英大学（例如以色列理工学院、希伯来大学、特拉维夫大学或本－古里安大学）就读计算机科学专业是一件备受敬重的事情。因为很多学生知道，他们毕业后能够在高科技行业找到高薪工作。企业员工都渴望能在自己的职业生涯里独立创业，这是他们追求成功的强大动力。

五、外国科技公司

20 世纪六七十年代，IBM 和英特尔率先在以色列开设研发中心。自此以后，外资跨国企业在以色列的运营一直非常活跃。21 世纪初，有更多美国企业踏足以色列，例如惠普、通用电气、摩托罗拉、微软、谷歌、雅虎、思科、苹果、Facebook 等。与此同时，西门子、阿尔卡特－朗讯、达索系统、飞利浦和 SAP 等欧洲企业也开始在以色列开展业务。而亚洲企业，如三星、LG、中兴、华为、东芝等，也在过去五年里逐渐进入以色列市场。

外资企业可以学习以色列创新市场的先进经验，他们也把最好的经营方式带到以色列。大量外资企业进入以色列本地市场，为以色列企业提供了许多模仿研发能力的机会，同时有利于创造积极的竞争环境，推动以色列创新生态系统的发展。

技术基础设施

一、世界领先的学术研究机构

如第四章所述，学术和研究机构为技术创新铺好了基础设施。一流的实验室和技术转化公司有助于缩小基础研究与产品商业化的距离。

二、国防企业

以色列航空工业公司（IAI）、埃尔比特系统公司和拉斐尔国防系统公司是以色列最大的三家国防企业，它们极大地促进了以色列创新生态系统的发展。这些企业拥有出色的研发能力，能够创造用途广泛的技术突破。没有高标准的工作方法和训练有素的员工，这些技术突破是不可能实现的。许多为军用市场研制的高端技术已经应用于民用领域。例如，在戴维·哈拉里（David Harari）博士领导下的以色列航空工业公司研制了无人机（UAV），其初衷是为了军事目的，但如今无人机技术已应用于多个民用领域，包括监测农作物生长情况、监控矿井安全状况、监督建筑工地、基础设施检测、野生动植物研究、环境监测和灾难搜救等。

三、企业研发

企业研发是以色列创新生态系统基础设施的另一重要组成部分。许多以色列知名企业都在以色列设有研发中心，例如医药行业的跨国企业梯瓦（Teva）。在以色列设有研发中心的跨国企业有 3M、美国在线、苹果、应用材料、AT & T、欧特克、伯克希尔—哈撒韦、BMC 软件、博通、思科、达索系统、戴尔、易贝、易安信、Facebook、通用电气、通用汽车、谷歌、惠普、华为、IBM、英特尔、强生、LG、迈克菲、微软、摩托罗拉、甲骨文、贝宝、飞利浦、宝利通、高通、三星、闪迪、SAP、西门子、德州仪器、东芝、施乐和雅虎。

四、衍生企业

企业衍生对以色列创新生态系统的基础设施也有促进作用。由于各种原因，衍生出来的企业会主动选择不同的平台经营业务，往往集中于某个特定市场或者技术。

五、技术孵化器

截至 2015 年，以色列获得首科办批准的技术孵化器共有 27 个。孵化器帮助初创企业加快业务发展，对以色列的技术基础设施作出了重要贡献。主要的孵化器包括 Abital Pharma Pipelines（生命科学）、Alon-MedTech Ventures（保健技术）、Explore、Dream Discover（互联网、移动、新媒体）、Incentive Incubator（医疗设备和软件）、Incubit Technology Ventures（医疗设备、ICT、网络和电子光学），JVP Cyber Labs（网络安全和企业软件），JVP Media Studio（新媒体和企业软件），Kinrot Ventures（清洁技术），Trendlines Medical（医疗技术），Trendlines Agtech（农业技术），The Time Innovation（新媒体），Van Leer Xenia（医疗设备、新材料、工业应用和IT），NGT（生命科学），Nielsen Innovate Fund（互联网、通信、移动、电信、媒体），Rad BioMed Incubator（生命科学和医疗设备），Terralab Ventures（清洁技术），FutuRx（生物技术）和 Sarana Ventures（医疗技术）。

此外还有首科办孵化器项目资助框架之外的私有孵化器。国际大型高科技企业常常赞助独立自主的私营孵化器。拿撒勒企业孵化中心便是由思科公司资助的孵化器。

六、加速器

加速器帮助初创企业加快发展速度。加速器项目以多种形式进行，时间从几个星期到一年不等。以色列主要的加速器及其资助和辅导的企业如下：Microsoft Azur Accelerator（微软），Nautilus（美国在线），nazTech Accelerator（思科），谷歌校园加速器（谷歌），IBM Alpha Zone Accelerator（IBM），FutuRX（强生）、蓝图加速器（贝宝），三星加速器（三星），雅虎加速器（雅虎），花旗银行加速器（花旗银行），IDC Elevator，DreamIT Ventures 和 Gvahim。

第七章
以色列在亚洲投资者发展蓝图上的位置

在过去几十年里，以色列一直在美国科技巨头的视线之内。通过对以色列直接投资，开设研发中心，投资基金公司，或者并购以色列企业等方式，为数众多的美国跨国企业已经成功地在以色列开展业务。

然而，这种以美国为主、欧洲为辅的局面，在过去几年里已经受到来自亚洲的严重挑战。亚洲国家尤其是日本和新加坡在 2010 年以前就开始，但主要以投资基金的形式对以进行投资，而且投资总量与目前的投资规模相比无足轻重。

以中国为主导的亚洲投资者投资取向的迅速转变，结合另外两件大事，使以色列经济格局出现了翻天覆地的变化。首先，任命斯坦利·费希尔（Stanley Fisher）为以色列央行行长，恰逢以色列前所未有的经济增长和社会稳定时期；其次，以色列近海发现大型气田，使其成为世界重要能源生产国。在这些利好市场条件的鼓励下，亚洲投资者在以色列成功达成了首批大笔奠基式交易，随后激发了以色列和亚洲之间更多的投资和商务合作。

费希尔效应

一、以色列央行行长

斯坦利·费希尔是世界著名经济学家和中央银行家，2005 年 5 月被任命为以色列央行行长。费希尔出生在现在的赞比亚，他拥有美国和以色列双重国籍，毕业于麻省理工学院和伦敦政经学院。此前曾任多个国际机构高层职位，包括花旗集团副主席、国际货币基金组织（IMF）第一副总裁、世界银行副总裁（负责发展经济）兼首席经济学家。有趣的是，在麻省理工学院期间，他是美国联邦储备委员会前主席本·伯南克（Ben Bernanke）和欧洲中央银行行长马里奥·德拉吉（Mario Draghi）的论文导师。费希尔 2012 年被《环球金融》（*Global Finance*）杂志评为世界六大最佳中央银行家之一，2010 年被《欧洲货币》 （*Euromoney*）杂志评为"年度央行行长"。

在出任以色列央行行长期间，费希尔对以色列经济产生了重要影响。2008 年全球金融危机爆发时，他是第一个降低利率的央行行长；看到复苏迹象之后，他也率先提高利率。在他的领导下，以色列央行用以色列谢克尔购入大量美元，避免以色列货币突然升值，损害以色列在国际市场的竞争力。为确保央行的独立性，他通过推动以色列《银行法》（2010）的实施，提高了以色列央行的自主性和治理水平。他组建了由六位著名经济和金融专家构成的货币政策委员会，就银行的货币政策决议进行表决。其中一位专家巴里·托普夫（Barry Topf）是费希尔的高级顾问，曾经负责管理以色列的外汇储备。

2013 年 6 月，费希尔离开以色列央行，现在是美国联邦储备委员会副主席。以色列总理本雅明·内塔尼亚胡在给费希尔送别致辞时，称赞其在以色列经济增长及经济成就中所发挥的关键作用。

费希尔利用频繁出访亚洲的机会向亚洲投资者推广以色列和以色列经济。以色列经济基本面的积极稳定，尤其是在 2008 年全球金融危机期间的稳定过渡和以色列举世无双的创新能力，从此吸引了亚洲投资者的关注。没过多久，以色列开始成为亚洲重要的创新投资中心。

二、信用评级

2005 年，斯坦利·费希尔执掌以色列中央银行，让以色列经济在全球范围内更具吸引力。在此前的十年里，国际主要信用评级机构如标准普尔、穆迪和惠誉对以色列长期债务的评级平均只有"A –/A3"。在费希尔的领导下，以色列进行结构性改革，实施有效的经济政策保护国家免遭全球经济危机冲击。2007 年，标普将以色列长期债务的信用评级上升至"A"级，后来因为以色列金融前景持续看好，进一步升级至"A +"。大约在同一时间，穆迪和惠誉的评级也分别上升至"A1"和"A"。如今，以色列长期债务的标普评级为"A +"，穆迪评级为"A1"，惠誉评级为"A"。

这些评级机构对以色列经济投上信任一票，极大地提升了以色列对外国投资者的吸引力，其中包括亚洲投资者。一直以来，亚洲投资者对以色列稳定坚固的经济基本面尤其敏感。

三、加入国际组织

早在2003年，以色列金融体系的稳定和成熟便得到国际认可，受邀加入国际清算银行（BIS）。国际清算银行由各国央行组成，是一个促进国际货币与金融合作的国际机构，被誉为"世界各国央行的央行"。

2010年，以色列加入经济合作与发展组织（简称经合组织），成为该组织34个成员国之一①。这一里程碑式的事件之所以成为可能，离不开斯坦利·费希尔的指引和领导。以色列融入全球经济格局，能够加强投资者对以色列经济的信心，促使更多投资者前来投资，尤其是亚洲投资者。除此之外，以色列承诺遵守高规格的国际标准，也推动国家进行必要的社会经济改革。

加入经合组织后，以色列能够吸收经合组织成员国专用的国际投资基金，这使以色列的经济发展动力发生了巨大的变化。以色列成功加入经合组织，使国际社会意识到，以色列有能力加入这个由经济强国构成的"著名俱乐部"，也体现了以色列创新生态系统日益增加的吸引力。

---

① 除以色列外，还包括奥地利、澳大利亚、比利时、加拿大、智利、捷克共和国、丹麦、爱沙尼亚、芬兰、法国、德国、希腊、匈牙利、冰岛、爱尔兰、意大利、日本、韩国、卢森堡、墨西哥、荷兰、新西兰、挪威、波兰、葡萄牙、斯洛伐克共和国、斯洛文尼亚、西班牙、瑞典、瑞士、土耳其、英国和美国。——原注

四、摩根士丹利资本国际指数

摩根士丹利资本国际（MSCI）指数是世界著名的股票市场指数，涵盖全球 1600 只股票。2014 年其回报率达到 5.5%。该指数主要跟踪发达国家市场的一篮子股票，新兴市场的股票则排除在外。

2010 年 5 月，MSCI 重新将以色列划分为发达国家市场。从此，以色列加入发达国家的行列，其他发达国家和地区包括澳大利亚、奥地利、比利时、加拿大、丹麦、芬兰、法国、德国、中国香港、爱尔兰、意大利、日本、荷兰、新西兰、挪威、葡萄牙、新加坡、西班牙、瑞典、瑞士、英国和美国。

以色列市场地位从新兴市场到发达市场的转变，吸引了更多投资者前往以色列，包括亚洲投资者。MSCI 将以色列划分为发达国家也是对以色列经济充满信心的表现。

五、以色列货币谢克尔在全球外汇的地位

持续联结清算系统（CLS）在 2002 年由一批外国银行成立，以减少外汇交易结算风险，是外国货币兑换的国际支付系统。CLS 的股东包含全球七十多个金融机构，接受美国联邦储备银行监管，外汇交易通过 CLS 系统清算的国家代表参与管理。通过 CLS 系统货币间的兑换和清算可以同时进行，CLS 目前为全球 17 种货币提供清算服务。

2008 年 5 月，在斯坦利·费希尔的领导下，以色列货币谢克尔加入 CLS，大幅度降低了以色列本地与国际交易的清算风险。世界主要货币都

在 CLS 平台进行国际清算，谢克尔成为其中一员，使其具备完全可兑换性和国际流动性，也有助于以色列对其支付和清算系统进行改革。

天然气效应

一、发现天然气

伊扎克·特舒瓦领导下的德雷克集团（Delek Group）是以色列最大的综合性能源公司。该公司所从事的天然气勘探和开发活动，使东地中海黎凡特盆地变成能源产业最具前景的新兴区域之一。德雷克集团与其美国合作伙伴诺布尔能源公司（Noble Energy）从 1998 年开始就活跃于东地中海地区。德雷克集团分别于 1999 年和 2000 年发现了雅姆·忒修斯（Yam Tethys）气田的位于以色列海岸 25 公里之外海域的诺阿（Noa）和玛丽-B（Mary-B）两个天然气矿藏。在对这些发现进行开发之后，诺布尔能源公司和德雷克集团从 2004 年开始为以色列提供天然气。

2009 年，这两家公司发现了塔玛尔（Tamar）气田，是当年全世界发现的最大气田，拥有天然气储量达到 10 万亿立方尺，能够满足以色列市场 20 年的需求。2013 年 4 月，塔玛尔气田开始向以色列市场供应天然气。

诺布尔能源公司和德雷克集团在 2010 年发现了利维坦（Leviathan）气田，天然气储量达到 19 万亿立方尺，是全球近十年来发现的最大深水天然

气矿藏。诺布尔能源公司、德雷克集团和其他合作商还共同开发了几个规
模较小的气田。①

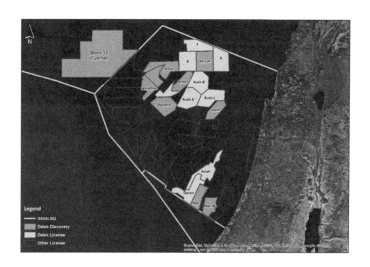

以色列海上气田

德雷克集团位于地中海的海上天然气开采平台

_____

① 包括卡里什、塔宁、多尔芬、鲁特、戴维、克伦、阿维亚、伊兰和阿隆气田。——原注

在进入 21 世纪之前，以色列基本上没有什么天然气田和油气储备，而有些国家因为得天独厚成为能源出口国。以色列海上天然气田和油气储备的发现，使以色列也成为世界为数不多的能源出口国之一，这将对以色列本地经济产生巨大影响，同时将吸引更多外国投资，尤其是亚洲国家的投资。

二、国际竞争力持续上升

以色列发现和开采天然气田是里程碑式事件，将会急剧改变以色列的经济格局，同时也会吸引更多外国投资，尤其是寻求能源和商品资源安全保障的亚洲国家。

以色列发现海上天然气田使以色列在更大程度上实现能源独立，在各国竞相寻求能源和商品供应保障的当今世界，这一点对以色列具有极其重要的战略意义。以色列的能源消费转向天然气，将会提升国家能源管理效率，并降低能源成本大约 10%[①]。所有行业，从低、中、高科技到传统行业，如化工、塑料、纺织、造纸、食品和农业，都将从中受益。

天然气矿藏的发现也有利于增强以色列的金融实力。据以色列国民银行预计，在已探明储备的开采期限内（2013—2040 年），以色列税务总局将会收到天然气特许权使用费 300 亿美元、公司税 300 亿美元、超额利润税 700 亿—800 亿美元。天然气特许权使用费和公司税收入预计将划入政府预算，而超额利润税将用于投资以色列主权财富基金。从长期来看，这

---

① 来源：以色列国民银行。——原注

些举措将能降低国家的债务水平，有利于保持预算平衡，提高对以色列经济的投资和支出。经济基本面的提升，将会进一步完善基础设施，催生新产业和新的卓越行业，提升以色列的国际竞争力。

以色列的主权财富基金将全部用于投资外国资产，这是以色列为避免患上"荷兰病"（Dutch Disease）而采取的策略之一。"荷兰病"发生在20世纪60年代，当时荷兰发现新的天然气资源后，货币流入大幅度增加，导致货币升值，损害了荷兰制造业的竞争力。

中国的标志性交易

以往，亚洲国家在以色列经济的活跃程度比不上美国和欧洲国家，但现在它们开始明白以色列的价值所在。许多亚洲国家已经设计好投资以色列的战略蓝图，以增加在以色列独特生态系统的投资和立足点。预计流入以色列的资本和投资将会创造无数商机。

商界杰出领袖已经发现了以色列优越的经济环境和独特的生态系统，香港的李嘉诚便是其一。他们富有远见卓识，统领麾下企业进军以色列，开启了以色列—亚洲投资与商业合作的大门。从21世纪初至今，李嘉诚家族有多家企业活跃在以色列市场，参与推动以色列的经济增长。李嘉诚早期的活动，促使了其他大型中国企业进入以色列市场，例如中国化工集团和光明食品公司均与以色列达成初始重要交易。

中国企业对以色列市场具有强烈兴趣，从下面将介绍的标志性交易便可见一斑。中国的投资活动对其他亚洲国家产生了强大的催化作用，他们也加快了投资以色列的步伐，以便获得更强的市场地位。

一、李嘉诚与和记黄埔

1. 李嘉诚的辉煌记录

李嘉诚是亚洲首富，2015 个人净资产估计达到 335 亿美元[①]。从 20 世纪 50 年代起，李嘉诚在全球范围内成功创建了一个多元化的商业集团，经营范围非常广泛。旗下企业包括世界领先的和记黄埔有限公司（全球多个市场最大的货柜码头经营商），还有世界最大的保健及美容连锁品牌 Superdrug（英国）和 Marionnaud（法国），旗舰零售连锁店百佳超级市场和丰泽电器（香港），公共事业企业香港电灯集团等。李嘉诚的长江和记实业控股旗下拥有 12 家上市公司，在全球 55 个国家经营业务，雇员超过 26 万人。

2. 对以色列的情有独钟

李嘉诚素来赞赏以色列和犹太人的创业精神。作为亚洲最富有的商人，他在以色列的成功，为亚洲希望紧跟其步伐的其他投资者开启了大门。除了李嘉诚之外，另一位备受尊重的企业家和商界大师，同时也是全

---

① 来源：《福布斯》。——原注

球首富的沃伦·巴菲特也特别推崇以色列经济。巴菲特的伯克希尔哈撒韦公司于 2006 年在以色列完成首次海外收购，以 40 亿美元购买以色列伊斯卡尔金属制品公司（Iscar Metalworking）80% 的股份。

1999 年，和记黄埔进入以色列市场，当时和记电讯国际有限公司获得以色列移动网络运营牌照，与以色列企业埃尔比特公司和欧康集团成为以色列三大移动运营商，并共同创立了以色列公司 Partner 通讯公司，继续以"Orange"① 的品牌经营移动网络业务。

2009 年，和记电讯以大约 1.4 亿美元收购以色列富豪伊兰·本－多夫②所持 Partner 通讯公司的控股股份。2001 年，Partner 通讯公司在美国纳斯达克和伦敦证券交易所上市，和记电讯占股 51.6%，成为最大控股股东。

李嘉诚对以色列本地创新生态系统和市场机会充满兴趣，他让和记黄埔的以色列团队负责人丹·埃尔达尔（Dan Eldar）和团队一起探讨其他的投资领域。他们的提议是水业，于是李嘉诚便选择了以色列的最重要、最卓越的行业。2008 年，和记黄埔在水处理领域成立了一家新公司，经营海水淡化、水处理、废水处理、水循环和水处理技术开发等业务。以色列迅速成为和记黄埔的全球水资源技术中心。

2011 年，和记水务国际控股有限公司成功完结在水业的第一起重要交

---

① 1999 年 10 月，和记黄埔以 330 亿美元向德国曼内斯曼（Mannesmann）出售 Orange 集团，英国沃达丰公司（Vodafone）于 2000 年 2 月收购曼内斯曼公司，并于同年 8 月以 400 亿美元向法国电信集团出售 Orange。——原注

② Partner 通讯公司目前持股方包括哈伊姆·萨班私募基金公司、伊兰·本－多夫和其他投资者以及公众股东。——原注

易。和记水务与其以色列合作伙伴 IDE 技术（IDE Technologies）在以色列索瑞克（Sorek）海水淡化厂竞标中胜出，建造有史以来最大的海水淡化厂。目前索瑞克海水淡化厂每年生产 1.5 亿立方米清水，满足 150 万以色列市民的用水需求。

2012 年，和记黄埔成功收购水务技术孵化器 Kinrot Ventures，使和记黄埔在以色列水业的投资进一步得到加强。该孵化器拥有首科办许可，是一家专注于水务和清洁技术的种子基金公司，和记黄埔在未来八年内将至少投资 250 亿美元。

李嘉诚旗下的风险投资公司——维港投资是过去几年里以色列最为活跃的风险投资公司之一，在 2013 年以色列最活跃的风投公司排名中位列第一，2012 年位列第二。维港投资专门投资颠覆性技术，目前已经投资了许多以色列著名的创新企业，例如众包地图、FeeX、Tipa 和 Kaiima。

二、中国化工集团与马克西姆·阿甘公司

2011 年 10 月，中国化工集团历史性地收购马克西姆·阿甘公司（Makhteshim Agan）60% 的股份。马克西姆·阿甘公司是世界领先的以色列农药生产企业，主要产品有除草剂、杀虫剂和杀菌剂。中国化工集团总投资 24 亿美元，其中 12 亿美元用于收购公众持有股份，11 亿美元支付给马克西姆·阿甘前任控股股东库尔实业（隶属 IDB 集团）。这是中以双方最大的投资合作项目，交易完成后，以色列库尔实业仍然是公司的第二大股东，持有 40% 股份。2014 年，马克西姆·阿甘公司更名为安道麦公司（ADAMA）。在新的母公司领导下，安道麦公司继续引领全球肥料和农药

市场。

这次交易规模庞大，具有战略意义，成为以中商业关系史上的里程碑式事件。以色列和中国都意识到商业合作的巨大潜力，以色列提供出色的创新和技术能力，中国带来参与全球竞争所必需的财政资源和市场深度。对于中国投资者来说，要充分发挥投资以色列经济的优势，这次交易是一个极好的商业案例，也是值得复制的成功榜样。

这笔标志性交易完成之后，中国对以色列的投资大幅度增加，许多其他交易项目也成功交割。

三、光明食品与特鲁瓦食品

2015 年 3 月，中国光明食品集团完成对特鲁瓦食品集团（Tnuva）的收购，以 12 亿美元收购私募股权投资公司 Apax Partners 持有的 56% 控股股权，以大约 2.75 亿美元收购另一家投资公司 Mivtach Shamir 所持有的 21% 股权。基布兹（集体农场）仍然保留特鲁瓦 23% 的股份。

特鲁瓦是以色列最大的农业合作企业，拥有 620 多个成员，大部分是基布兹和莫沙夫（农业合作社），主要生产牛奶和奶制品，占以色列本地市场份额达到 70% 以上。特鲁瓦的先进技术和生产能力吸引了光明食品的兴趣。

中国投资者成功收购以色列最大奶制品生产商，这一标志性交易是以中两国合作双赢的又一典型案例。中国经济实力雄厚，本土市场规模庞大，以色列的优势是前沿技术和创新，可以为中以合作提供最先进的生产能力。该交易给中国和亚洲投资者发出了强烈的信号，以色列拥有独特的经济生态系统，与以色列合作将会产生更加强大的协同效应。

以色列凭借蓬勃发展的经济、独一无二的市场生态和新发现的天然气资源，现在已经成功吸引具有强大影响力的商界领军人物。他们的成功将会让更多亚洲投资者相信，以色列应该放在他们全球投资战略的核心位置上。

第三篇

亚洲商业中心

第八章
亚洲企业在以色列的商业活动

日本与新加坡是最早在以色列开展大量商业活动的亚洲国家。从 20 世纪 70 年代到 90 年代，日本主要向以色列出口汽车品牌，包括斯巴鲁、大发、铃木、本田、马自达、丰田和日产；到 90 年代中期，日本也开始参与投资以色列风险投资行业，投资方主要有京瓷、集富、日立、日本电信电话（NTT）和三菱。新加坡则主要有祥峰投资（Vertex）。

在和记电讯 1999 年投资 Partner 通讯公司及 Orange 移动电话业务的推动下，近年来中国已经成为以色列最活跃的亚洲投资者。进入 21 世纪以后，以中双边贸易蓬勃发展，2014 年双边贸易额约达 90 亿美元。以色列经济部的数据显示，过去几年中国对以色列投资大幅度上升，2014 年中国与以色列首科办（OCS）的合作项目数量排名第一，2013 年排名第二，而2012 年的时候中国甚至还没有出现在排名表上①。

---

① 来源：路透社。——原注

中国企业在以色列

中国在以色列商业活动的多元性和深度充分体现了中以关系的发展。下面我们将重点介绍中以企业之间的大型交易和投资项目，以展示中以两国越来越紧密的合作关系。此外，我们也会简略介绍新加坡、韩国、印度、日本等亚洲国家和地区在以色列进行的重大交易项目。

一、直接投资

1. 和记黄埔

和记黄埔集团在以色列的多个合作项目，前文已经有所介绍。除此之外，李嘉诚旗下的风投基金维港投资公司在以色列的投资活动也非常活跃。近几年来，维港投资在以色列的投资项目数量为 24 个，超过了美国的 21 个。

维港投资的具体投资项目介绍详见表 8 - 1（以字母表顺序排列）。

表 8 - 1　维港投资在以色列投资项目一览表

公司	业务
Accelta	提供革命性的解决方案，为研究和临床应用大规模生产价格实惠的高品质干细胞
Aniways	通过智能平台为用户提供生动、有吸引力的交互式内容，从而为客户提高收入
Corephotonics	提高智能手机摄影功能，采用尖端的计算摄影技术缩短小型摄像机和数码相机之间的质量差距
Cortica	自动提取图像和视频的核心概念，并比照关键字和文本进行分类
Crosswise	跨设备识别技术，帮助客户锁定多设备用户
Everything. me	研制可预见用户需求的手机，改变人与手机之间的关系
FeeX	提供有关个人投资如退休金计划的明确费用信息
Ginger Software	开发语言增强技术，提高英语语言表达能力
Hola	提供从世界任何地方访问全球网站的通道
Kaiima	为可持续农业提供领先的遗传和育种技术的供应商；可以提供产量更高的农作物新品种
Magistro	把纯粹的视频和照片转化为具有专业水准的电影
Medical Cancer Screening	提供创新的个性化的癌症解决方案，帮助医生和健康医疗中心筛查概率升高的疾病，从而降低发病率和死亡率
Meekan	开发灵活的日程调度引擎，能够匹配日历、约会时间、安排服务和预订宾馆等
MeMed	研发解码免疫反应的颠覆性技术，指导传染病的治疗，使医生减少抗生素的滥用，并解决细菌的抗生素耐药性问题
Meteo Logic	提供基于大数据和智能机器学习方法的创新性天气预报解决方案，操作简单，预报精准
Mishor 3D	通过3D技术把安全、导航及媒体信息投射到挡风玻璃使司机专注路况

续表

公司	业务
NanoSpun	为增强生化流程和控释解决方案开发关键组成部分
Nipendo	其平台允许企业连接并整合现有的系统和流程，无须定制编码或排列
Ovavo	移动应用分析解决方案开发商；被 Facebook 收购，成为 Facebook 在以色列的第一个研发中心
Shine Security	提供抗病毒技术，在终端设备上进行行为检测以及时阻止新出现的威胁
Stevie	将社交网络转化成电视，创建个性化、可获利的跨平台娱乐内容
Tipa	为餐饮企业开发 100% 生物降解软包装解决方案；包装盒迅速再生回归自然
众包地图	智能手机 GPS 社交应用程序，提供用户实时通信信息；在 2013 移动世界大会上荣获最佳移动应用奖；2013 年被谷歌以 13 亿美元收购时，占股 11% 的维港投资退出收益达到 1.43 亿美元
Wibbiz	采用先进的文本分析和人工智能，可创建基于文本的视频总结

李嘉诚继续发扬他长期以来的慈善传统，2013 年通过李嘉诚基金会向以色列理工学院捐赠 1.3 亿美元，善款主要来自旗下风投基金退出众色地图的盈利所得。这些捐款将用于建设以色列理工学院的海法校区，以及成立广东以色列理工学院。这是以色列理工学院与位于中国南部的广东汕头大学的合作项目。

这是以色列理工学院迄今为止收到的最大笔的捐款，也是以色列学术机构收到的最大笔捐款之一。李嘉诚向以色列理工学院捐款，意味着他认可以色列创新能力和学术研究的领导地位和巨大潜能，也有兴趣将以色列的专业技术向中国人民推广。

2. 中国化工

上一章已经提到，中国化工集团在 2011 年通过一项标志性的交易收购了马克西姆·阿甘 60% 的股份。马克西姆·阿甘是世界领先的以色列农药生产商和经销商。2014 年，马克西姆·阿甘公司更名为安道麦（ADAMA）农业集团，Adama 在希伯来语的意思是土地。

3. 复星国际

复星是中国最大的综合性私营企业集团之一，2013 年起开始积极投资以色列。复星收购的第一家公司是飞顿激光公司（Alma Lasers），总投资 2.4 亿美元。飞顿激光公司是医用激光、光子及射频设备生产厂家，生产各种美容和医疗用途激光产品，在激光美容医疗器械领域具有世界一流的研发能力。复星也表示有意成立技术孵化器，以推动以色列技术发展，并寻找更多商业机会。

2015 年 6 月，通过旗下的私募股权投资公司复星资产（Fosun Capital），复星以 4.86 亿美元收购了德雷克集团持有的凤凰保险公司 52% 控股，该保险集团估值超过 9.3 亿美元。此前，复星曾有意收购另一家以色列保险公司——Clal 保险兴业控股公司①。

2015 年 2 月，复星试图收购飞顿公司的竞争对手 Lumenis，表明复星有意加强公司在医疗技术领域投资的兴趣。Lumenis 开发和销售激光和光

---

① 来源：以色列《环球报》。——原注

能医学美容产品，主要针对泌尿科和眼科市场。该公司最终被中国香港XIO 集团于 2015 年 6 月以 5.1 亿美元成功收购。复星医药还曾领投以色列医药科技企业 Check-Cap，与 GE 医疗集团和 Pontifax 等投资者联合对 Check-Cap 公司投资了 1200 万美元，注资后复星在 Check-Cap 的股权增加到 13%。Check-Cap 主要研发可诊断肠癌的 X 光胶囊。

2015 年 9 月，复星收购以色列著名美容产品公司威海卫（Ahava）。威海卫是利用死海资源研制产品的化妆品公司，其品牌产品是海外游客到以色列旅游的必买品。

4. 盈科律师事务所

盈科是中国第二大律师事务所，拥有 2000 名律师，在全球设有 36 个分所。盈科于 2013 年 4 月收购以色列专业律师事务所 Eyal Khayat Zolt, Neiger & Co（EKZN），这是一家高科技和风险投资领域实力雄厚的律师事务所。盈科与该事务所合作成立盈科以色列分所。中国领先的律师事务所在以色列开设分所，可见中国企业在以色列的业务越来越多。

5. 上海国际集团和赛领资本

上海国际集团是中国最大的国有金融控股公司之一，旗下私募基金公司赛领资本（Sailing Capital）于 2013 年 7 月投资以色列创新技术公司 Mobileye。Mobileye 致力于开发高级驾驶导航系统，2014 年该公司在美国纳斯达克上市，募集基金 10 亿美元。

6. 小米

2013 年 8 月，动作识别技术公司 Pebbles Interfaces 获得了来自中国著名电子科技公司小米的 1100 万美元的投资，其他投资方还有德国博世集团旗下的风险投资公司和美国的闪迪公司。

7. 光明食品

2015 年 3 月，中国第二大食品饮料企业光明食品集团以大约 14.7 亿美元的价格收购特鲁瓦食品两大股东 Apax Partners 和 Mivtach Shamir 持有的 77% 股权。特鲁瓦是以色列最大的奶制品公司，将为中国光明食品集团带来牛奶和奶制品最先进的创新和专业技术。

8. 普拓

普拓是中国领先的私募股权基金公司，在以色列也非常活跃。首席执行官董艺（Arina Dong）和公司高管非常重视借助以色列的颠覆性技术推动中国企业的进一步发展。

普拓团队在耶路撒冷西墙

9. 远大企业

2014 年 9 月，中国著名跨国企业远大企业集团以 2000 万美元收购以色列智能农业技术公司 AutoAgronome。远大集团是中国著名的环境工程企业，AutoAgronome 则主要开发智能灌溉和施肥系统。

10. 百度

2014 年 10 月，中国企业百度、平安金融和奇虎 360 同时参股以色列风险投资基金 Carmel Ventures。2014 年 12 月，百度向以色列视频捕捉技术公司 Pixellot 投资 300 万美元。Pixellot 公司致力于开发颠覆传统的超高清无人视频捕捉和制作系统。

11. 广西梧州制药

2014 年 12 月，广西梧州制药向生物技术公司 Integra 投资 300 万美元。Integra 是耶路撒冷希伯来大学技术转化公司的子公司。广西梧州制药是中国著名的心血管疾病和妇科药物生产厂商。

12. 平安创新投资基金

2014 年 12 月，以色列的一家全球领先的社会投资网络公司 eToro 获得一轮股权融资，金额达到 2700 万美元，该轮融资的领投方是中国平安保险集团旗下的风险投资机构平安创新投资基金。

13. 富荣集团公司

2015 年 1 月，富荣集团公司作经营业务覆盖水资源、房地产、银行和重工业的中国大型企业集团投资了以色列颠覆性技术公司 Store-Dot。后者已成功研发了超快速电池充电技术，可应用于移动电话和电动车市场。

以色列制造商协会国际部部长丹·卡塔里瓦斯与深圳安吉尔饮水产业集团有限公司股东郭民和魏丽洋

14. 阿里巴巴

同一个月，中国互联网巨头阿里巴巴集团投资以色列企业"视觉码"（Visualead），这是阿里巴巴在以色列投资的第一家公司。"视觉码"是开发二维码解决方案的公司，现已在中国开展业务。阿里巴巴的投资吸引了国际和中国媒体的视线，阿里巴巴集团主席马云的商业动作向来是媒体密切关注的重点。此次交易也向中国企业发出强烈信号，要关注以色列在颠覆性技术上的国际领先地位，其独特的市场生态必将为中国投资者带来无数的投资机会。

15. 犹太财富朝觐之旅和深圳市企业家协会

刘娜、周颖和张永宏来自中国广东省深圳市，是活跃在以色列的优秀企业家。他们与以色列本地股东有深入交流，并在以色列创新生态系统创造投资机会。

中国犹太财富朝觐之旅成员在以色列议会七权烛台前

二、研发中心

1. 华为

2004 年，华为科技在以色列成立第一家研发中心，雇有员工 15 人，初始投资资金 200 万美元，并指定 Solgood 通讯公司作为华为在以色列境内的独家代理。

2. 海尔

海尔是中国最大的电子消费品和家用电器厂商之一，2008 年在以色列成立产品开发中心，寻求电子消费品和家用电器领域特别是白色家电、智能电视和医疗保健产品的创新技术。

3. 阿里巴巴

阿里巴巴正在积极准备在以色列成立研发中心，以满足企业集团的需求①。

4. 基金投资

中国企业和金融机构通过孵化器（如中兴和平安保险）与风险投资基金等多种投资平台积极投资以色列市场，其中重要的投资者包括联想、中国光大、人人网和腾讯。

三、基础设施投资

1. 中国港湾工程有限责任公司——港口

2014 年 6 月，中国港湾工程有限责任公司泛地中海分公司中标以色列

---

① 来源：Israel21c。——原注

的阿什杜德南港口建设，招标方是以色列港口发展与资产管理公司，项目投资总额超过 8 亿美元。该项目主要工程内容包括建造一座水深 17 米宽 800 米的集装箱码头、一座工作码头、1500 米次防波堤、仓储和操作区域和 600 米主防波堤延伸区。

阿什杜德南港口项目对中以双方都具有重要的战略意义。港口建成后，以色列各大港口（阿什杜德、海法和埃拉特）之间的竞争加大，将会降低码头工人罢工的频率和规模，提高港口吞吐量，从而降低进口商品和其他商品的消费价格。对中国来说，阿什杜德南港口位于地中海之滨，将会成为强大的商品贸易平台，为欧洲、地中海地区和北非市场提供商品①。

2. 海南航空——航空

民营航空公司海南航空是中国第四大航空公司。2015 年 1 月，海南航空宣布从 2015 年 9 月起开通从北京直飞特拉维夫的航线，每周三班飞机。新开航线将会成为以色列国有艾拉航空公司（El Al）的竞争对手。根据以色列航空部门数据，2014 年以色列艾拉航空公司特拉维夫—北京航线运送旅客 5.4 万人次（包括以色列人）。

以色列旅游部数据显示，2013 年有 3.4 万名中国游客前往以色列旅游。中国人对以色列观光旅游和商务旅行的兴趣越来越大，预计未来几年访以旅客数量将大幅度上升。新开通的以色列直飞北京商业航线将成为供应链上的催化剂。

---

① 来源：以色列《环球报》。——原注

3. 中国通信建设集团——铁路

2012 年 7 月，以色列交通国家基础设施和道路安全部部长伊斯拉尔·卡茨和时任中国交通运输部部长李盛霖签署历史性协议，两国将联手建设通往以色列南部城市埃拉特的高速铁路。该项目主要建设工程是一条连接以色列地中海港口阿什杜德、海法和红海港口埃拉特的货运铁路。这条打通地中海和红海的铁路，对以色列具有重大的战略意义，为以色列带来铁路转运海运货物的商机。中国也可以借此机会加强自己在欧亚贸易线路上的地位，扩大战略影响力，而且中国交通建设集团有限公司也因此成为一项高规格基础设施工程的主要施工单位。

由于这项基础设施项目巨大，建设成本预计高达 120 亿美元，部分资金由国家开发银行贷款，项目的实施进展相当缓慢。尽管如此，中以双方有关政府部门已经形成高级别对话机制，以保障两国的共同利益。

四、台湾地区对以色列的投资

1. 华邦电子

华邦电子是一家著名的半导体制造商，2005 年 3 月在以色列开设研发中心。

2. 台湾晶元光电

2010 年 8 月，发光二极管（LED）芯片厂商台湾晶元光电投资以色列企业 Oree。该公司主要为 LED 市场提供扁平涂层。

多家著名台湾电子企业集团已经开始投资以色列市场，包括旺宏电子股份有限公司（世界最大的 ROM 存储器制造商）、台湾积体电路制造公司（最大的专业晶圆代工企业）、东元电机股份有限公司（专业生产中压电机的大型企业）和台湾东讯股份有限公司（东讯集团旗下的电信企业）。

台湾企业和金融机构也通过孵化器和风险投资基金等投资平台积极投资以色列，其中包括电子业巨头宏碁。

新加坡、韩国、印度、日本企业在以色列

一、新加坡

新加坡独立后便与以色列在多个领域展开积极合作，主要是在国土安全、风险投资（祥峰投资）和金融科技行业，近年来也开始涉及生物技术和医疗设备行业。新加坡在以色列的投资活动大部分由政府主管部门和政府机构主导，例如新加坡政府投资公司、淡马锡控股公司、新加坡资讯通信发展管理局（IDA）和新加坡标准、生产力与创新局（SPRING），还有一部分是企业投资，例如新加坡电信有限公司（新电信）。

1. 政府主管部门

1997 年，新加坡经济发展局和以色列首席科学家办公室共同成立新加

坡—以色列工业研究与发展基金会（SIIRD），以促进、推动和资助双方工业研发合作项目。

2014 年 11 月，淡马锡控股公司联合印度塔塔集团（Tata Group）投资拉莫特（Ramot）公司的动力基金（Momentum Fund）。拉莫特是特拉维夫大学的技术转化公司，专门投资特拉维夫大学研究人员的技术成果。

新加坡资讯通信发展管理局是新加坡政府主管部门之一。2015 年 2 月，新加坡资讯通信发展管理局拨款 2 亿美元用于投资以色列，特别是网络技术和金融技术领域。

新加坡国防部科技研究局辖下的战略投资公司维斯达风投（Cap Vista）在首席执行官徐伟（Chee Wei）的领导下，在以色列市场也非常活跃。

新加坡在以色列的重要交易和投资项目概述如下。

2. 新电信

2012 年 2 月，新电信斥资 3.21 亿美元，以现金方式收购以色列公司 Amobee，该公司主要提供移动广告解决方案。2012 年 11 月，新电信通过旗下的风险投资基金新电投资公司（Innov8）投资以色列公司 Everything.me，该公司是一家开发基于 HTML5 动态移动应用的创业公司。

2014 年 6 月，新电信在以色列的子公司 Amobee 以 1.5 亿美元收购以色列智能数字内容和营销方案开发商 Kontera 有限公司。

3. Kusto 集团

Kusto 集团是一家新加坡私营国际工业控股公司，业务范围覆盖建筑、房地产、建筑材料和能源行业。2014 年 5 月，Kusto 集团以 1.25 亿美元收购以色列油漆涂料公司 Tambour。

二、韩国

2001 年，大韩民国和以色列首席科学家办公室共同成立韩国—以色列工业基金会（KORIL-RDF），以促进、推动和资助双方工业研发合作项目。自成立至今，该基金会已经资助了数量众多的合作项目。

1. 三星

三星是在以色列市场最为活跃的韩国企业，拥有高效的投资组合，已设立两个电信和半导体研发中心，并通过三星旗下的风投基金或第三方风投基金投资了多个项目。2007 年 2 月，三星以 7000 万美元收购以色列芯片公司 TransChip，这是三星进军以色列市场迈出的第一步。TransChip 公司主要开发用于生产微处理器的 CMOS 图像传感器芯片。

2007 年 7 月，三星投资大约 3000 万美元收购以色列机顶盒厂商 Boxee。Boxee 的技术为用户提供云端跨设备的媒体录制和读取功能。

2008 年，三星投资 MCL 微组件有限公司，该公司为电子行业提供高级金属多层基板和封装技术。这是三星创业投资公司在以色列的第一起投资项目。

此后，三星创业投资公司在贡萨洛·马丁内斯·德·阿萨格拉（Gonzalo Martinez de Azagra）的领导下投资以色列多家领先创新企业，形成强大的投资组合。下面是三星创投持股的企业简介：

表 8 - 3　三星在以色列创投持股的企业

公司	业务
EarlySense	开发无须接触患者身体便可监控其生命体征的硬件
StoreDot	开发超快速充电电池技术
RePlay	制作 3D 全景视频
Mantis Vision	开发先进的三维技术和解决方案
Ronds	提供即时视频群聊功能
Imperium	提供移动安全解决方案

2013 年，三星加大其在以色列创新生态系统的投资，创立了专注以色列和美国的 1 亿美元的种子基金，主要投资与电视机组件和子系统、移动电话、计算机和数字设备等领域相关的创新企业。

2. LG 集团

1999 年，韩国 LG 集团正式成立 LG 以色列技术中心。该中心致力于搜寻和评估可以融入 LG 系列产品的以色列新技术。LG 以色列技术中心已经与以色列学术机构合作开拓研发项目。

3. 浦项制铁和大宇集团

2010 年 10 月，浦项制铁公司（POSCO）加入以色列政府资助的研发项目。韩国大宇国际 2010 年 6 月获任为工程总承包商（EPC），在以色列南部建设以色列化工集团和私营电站 OPC Rotem 的 440 兆瓦天然气发电厂。2012 年 11 月，合作开发塔玛尔天然气田的诺布尔能源和德雷克集团决定由韩国钢铁巨头浦项制铁公司旗下的大宇造船与海洋工程公司承建塔玛尔天然气开采平台的基础设施。

4. SK 集团

SK 集团是韩国最大的财团之一。2011 年，SK 集团收购以色列超宽带技术开发企业 Camero。该公司研发的雷达技术能够透视像墙壁这样的障碍物。

5. 现代和起亚

现代和起亚是以色列最大的汽车品牌，2015 年第一季度两家的市场份额高达 24%，其他汽车品牌根本无法与之匹敌。

三、印度

1. 印度国家银行

2007 年，印度最大的银行印度国家银行开设以色列分行，专门为参与以色列—印度双边经贸合作的客户包括钻石和高科技行业的客户服务。

2. 印度塔塔集团

2013 年 4 月，塔塔集团向拉莫特公司的动力基金投资 500 万美元。拉莫特是特拉维夫大学的技术转化公司，专门投资特拉维夫大学研究人员的技术成果。为充分利用以色列创新生态系统的优势，塔塔集团也表示有意投资其他以色列本地风投基金。

3. 印孚瑟斯

2015 年 2 月，印度 IT 巨头印孚瑟斯投资 2.3 亿美元购买以色列公司 Panaya。Panaya 致力于为大型企业的管理软件提供自动化技术。

四、日本

1. 软件银行集团

软银是日本具有领先地位的电信和互联网企业，进入 21 世纪后在以色列的投资非常活跃，主要投资项目见表 8 - 3。

表 8 - 3 软银在以色列主要投资项目

公司	业务
RealM	开发多向视频播放系统
Camelot	开发通信网络安全软件
CyberArk	不需要集成器即可保护敏感信息安全
Insightix	提供 IT 可视性和网络访问控制智能系统
Taykey	开发社交网络和平台
Saguna Networks	提供移动边缘计算，实现更快的移动宽带

2. 安川电机

2008 年，安川电机斥资 800 万美元收购以色列动作捕捉技术企业 Robo-Group。2013 年 9 月，安川电机投资阿尔戈医疗技术（Argo Medical Technology），该公司致力于研发帮助下肢瘫痪患者重获行动能力的医疗器械。

3. 索尼

2013 年 5 月，索尼向以色列医疗器械研发企业 Rainbow Medical 投资 1000 万美元。2014 年 10 月，索尼影视网络收购以色列多里媒体公司（Dori Media Group），但未对外界宣布收购价格。

4. 乐天

2014 年 2 月，日本乐天斥资 9 亿美元收购以色列科技公司 Viber。该公司研发即时通信软件，在全球拥有 3 亿用户。

5. 丰田和东芝

丰田在以色列设有一个研发中心，主要研究信息和通信技术。东芝在以色列的创新中心是在 2013 年以 3500 万美元收购 OCZ 技术公司的基础上建立起来的。

6. 三井

三井物产环球投资是三井产业集团旗下的投资公司，在以色列设有办事处。该公司在以色列的投资相当活跃，详见表 8 - 4。

表 8 - 4　三井在以色列的投资

企业	业务
Autotalks	提供大规模车对车（V2V）通信综合解决方案
Eyesight	提供数码设备无触摸互动软件技术
Kaiima	开发下一代非转基因种子和繁殖技术
Kalutura	提供开源在线视频平台
Kaminario	生产固态 SAN 存储
Mo'Minis	提供移动游戏及发行平台
Valens	提供半导体和高清技术

　　日本企业和金融机构也通过孵化器和风险投资基金等多种投资平台积极进军以色列。以色列风投基金的日本投资者主要有集富投资公司、野村控股公司、日立公司、日本电报电话公司（NTT）、三菱电机、东京油墨公司、精工、CSK 风险投资、日本投融资公司（NIF）和日本亚洲投资（JA-IC）。

第九章
以色列企业在亚洲

以色列建国以后，在亚洲各国积极开展商业活动。刚开始时主要集中于安防领域，如今以色列是高科技、电信、生物技术、医药和农业领域产品和服务的领先输出国。实际上几乎所有的以色列公司都以亚洲市场为目标。和北美市场一样，亚洲是以色列企业的核心出口市场。

以色列与亚洲国家的贸易情况

一、中国

中以双边贸易在过去二十多年里发展迅速，1999 年双边贸易额仅为5000 万美元，2014 年跃升至大约 90 亿美元，以色列对中国出口总额达到

28 亿美元①。中国是以色列在亚洲最大的贸易伙伴，也是仅次于美国的全球第二大贸易伙伴。以色列为中国提供各个领域的科技和创新技术，尤其是水务、灌溉、海水淡化、农业、可再生能源、网络安全、互联网、电信、数字媒体、医疗保健以及钻石加工等传统行业。

许多著名钻石品牌都在充分发挥以色列与中国香港的合作关系，其中包括香港的 **Carnet**（由图片中的张王幼伦联合创办）与以色列的 **Dalumi** 之间的合作

2014 年，以色列—中国台湾贸易额接近 13 亿美元，以色列对台湾出口总额达到 4. 81 亿美元，主要出口商品包括化工产品、半导体、钻石、软件、电子产品、医疗和电信设备等。

二、印度

以色列—印度双边经济在过去二十多年里也得到较大发展，1992 年双

---

① 所有贸易额均出自以色列政府数据。——原注

边贸易额为 2 亿美元，2014 年增加到至少 50 亿美元，以色列对印度出口总额达到 28 亿美元。如今，印度是以色列在亚洲的第二大合作伙伴，以色列是印度的第九大合作伙伴。以色列出口印度的商品主要有钻石和宝石、国防设备、化工和矿物产品以及高科技设备。印度向以色列出口钻石和宝石、纺织品、金属、植物和蔬菜等。

三、新加坡

以色列和新加坡在经济领域的紧密合作拥有很长的历史。2014 年，以新双边贸易额约达 15 亿美元，以色列对新加坡出口总额大概在 7.29 亿美元的区间。现在以色列出口新加坡的产品主要是高科技设备。

四、日本

2014 年，以色列—日本双边贸易总额约为 19 亿美元，以色列对日本出口总额达到 7.25 亿美元，主要出口产品包括机械设备、电力和医疗设备、化工和钻石产品。以色列则从日本进口汽车、电子消费品和机械设备。

五、韩国

2014 年，以色列—韩国贸易额达到 20 亿美元，以色列对韩国出口额为 6.25 亿美元，主要出口行业包括电子、电信、生物医学、国防和安全设备以及化工产品、钻石和宝石等。

以色列企业和机构在亚洲

下面将重点介绍一些与亚洲关系密切的以色列企业与机构，借此展示以色列在亚洲各国商务和投资活动的广度和深度。

一、亚洲基础设施投资银行（亚投行）

2015 年 4 月，以色列加入新成立的亚洲基础设施投资银行（亚投行），成为亚投行 57 个创始成员国之一。亚投行由中国主导，总部设在北京，旨在支持亚洲和新兴国家的投资项目。亚投行将直接与传统上由美国主导的其他著名国际金融机构竞争，例如世界银行、国际货币基金组织和亚洲开发银行。

二、梯瓦制药

梯瓦制药工业公司（Teva Pharmaceutical Industries）是世界最大的仿制药制造商，也是全球排名前 15 位的制药公司，2014 年的销售收入约为200 亿美元。梯瓦制药在亚洲尤其是日本和韩国的经营活动非常活跃。2014 年，梯瓦与日本最大的制药企业武田药品有限公司签署了两份合作协议。根据第一份协议，武田将在日本商业化开发梯瓦研发的帕金森药物 Azilect（雷沙吉兰），另一份协议则允许武田销售梯瓦品牌药 Copaxone，这是一种用于治疗多发性硬化症的突破性创新药物。

2011 年，梯瓦以 9.34 亿美元收购大洋药品工业有限公司。大洋药品是日本第三大仿制药制造商，拥有超过 500 种药品，占据日本国内医药市场所有的主要销售渠道。完成收购之后，梯瓦获得了大洋药品强大的研发团队、当地药监的专业知识和先进的生产设备。在同一年，梯瓦斥资 1.5 亿美元收购了日本 Kowa 医药集团在一家仿制药合资公司中 50% 的股份。

2012 年，梯瓦与韩独制药有限公司成立合资企业。特瓦将利用其全球供应链生产并提供一系列廉价及创新的药品，而韩独制药则负责产品在韩国市场的销售、营销和药监事务。据估计，韩国医药市场价值高达 140 亿美元。

三、以色列航空工业公司

以色列航空工业公司（IAI）是以色列最大的航空航天企业，其商用和军用航天技术、系统和产品的开发和生产能力均全球领先。美国公务机公司湾流宇航公司使用的一系列商务机，其中就有以色列航空工业公司的产品。以色列航空工业公司已在亚洲多个国家包括印度、新加坡和韩国积极开展业务。

2015 年 2 月，以色列航空工业公司与印度 Alpha 设计技术公司合作生产和营销微型无人机系统，以适应印度客户的经营需求。微型无人机系统主要在印度生产，由双方共同负责市场营销和推广。

2014 年，以色列航空工业公司按照其以色列网络可访问性中心的模式，在新加坡聘请研究科学家、电脑分析师和工程师，建立了一个网络预警研发中心。

2009 年，以色列航空工业公司的子公司埃尔塔系统公司（Elta System）在韩国赢得一份合约，以大约 2.8 亿美元的价格为韩国空军提供雷达系统。

以色列航空工业公司研制精密和高端系统，拥有广泛的国际市场，
在亚洲和中国市场具有领先地位

四、Amdocs

我们前面提到的 Amdocs 公司专注于为通信、媒体和娱乐企业提供软件及相关服务，其业务覆盖全球八十多个国家和地区，是一家全球领先的软件公司，在亚洲的新加坡、印度和中国台湾尤其活跃。

2014 年 12 月，亚洲著名的电信企业新加坡电信集团选择与 Amdocs 软件公司合作，在新加坡和澳大利亚市场实施业务转型项目。

2014 年，Amdocs 的移动金融服务解决方案获选与 Trotech 的移动金融服务部门合作，帮助印度国家银行为印度无银行服务或缺乏银行服务的群体提供移动金融服务。

远传电信是台湾地区主要运营商之一，主要提供移动电话、固话和宽带互联网服务。2014 年，Amdocs 中标为远传电信更新其实时计费收费系统，并在台湾本地市场协助推出 4G LTE 服务。

五、埃尔比特系统

埃尔比特系统公司是一家国防电子企业，经营活动覆盖航空航天、陆地和海上系统、综合指挥、控制、通信、计算机、无人机、先进电光设备、通信系统和无线电等领域。目前该公司的亚洲业务主要集中在菲律宾和韩国。2014 年，埃尔比特公司获得一份 2000 万美元的合约，为菲律宾军队提供输送人员的装甲车。2013 年，埃尔比特公司与夏普航空公司在韩国组建合资企业，企业名为夏普埃尔比特系统航空公司，主要提供先进的军用航空航天电子设备维护、维修和研发服务。在同一年的晚些时间里，埃尔比特公司获得了一份后续合约，向韩国航天工业公司出售头盔显示系统。航天工业公司是韩国陆军"雄鹰"直升机的供应商。

六、拉斐尔

拉斐尔公司是一家致力于开发水下、海上、地面、空中和太空高级防御系统的企业，所研制的国防安全系统在以色列和全球均名列前茅。2015年 2 月，该公司宣布与印度卡利亚尼集团（Kalyani Group）共同成立合资企业，生产导弹系统、遥控武器定位系统和保护坦克的尖端系统。

2013 年，拉斐尔收购韩国电信技术开发商松讯电话公司（Pine Tele-com）49％的股份。松讯电话公司专门开发军用和商用无线数据连接技术。

七、施特劳斯集团

施特劳斯集团是以色列最大的食品和饮料公司之一，其咖啡产品和净水设备在国际市场上拥有举足轻重的地位。2011 年，该集团旗下的施特劳斯净水公司与中国消费品企业海尔集团组建合资企业，开发中国生活饮用水市场。海尔施特劳斯净水公司以 WaterMaker 为品牌，在中国推出首批净水系列产品。

八、耐斯系统

耐斯系统公司是以色列著名的电话录音、数据安全和监控技术企业，在全球拥有领先地位，业务范围覆盖金融、电信、医疗保健、零售和公共设施等领域。2014 年，印度浦那市楠德拉县与耐斯系统公司签署协议，使用耐斯的安全城市解决方案，以保护当地市民、游客和历史遗迹。

在新加坡，耐斯系统公司的人力管理系统获得 2013 年"福特特和沙利文公司亚太地区市场份额领先奖"。2012 年，耐斯系统的人力管理系统在亚太地区同类产品的市场份额约为 25％。

印尼宝石银行是印尼一家排名领先的私人银行。2013 年，宝石银行选用了耐斯系统公司开发的服务对接销售、人力资源优化和 PCI 合规性等解决方案。这些灵活的解决方案在帮助银行降低成本的同时，还能满足不断变化的客户和业务需求。

2011 年，中国有 24 个大城市的地铁网络系统安装了耐斯开发的 IP 视频安全解决方案，其中包括天津地铁。2009 年，北京地铁各线路配置了 IP 视频解决方案，并由耐斯提供内容分析的支持。同年，耐斯拿到中国重庆地铁的合约，为 18 个单轨铁路车站提供数字视频安全解决方案，以保护乘客免遭犯罪分子和其他潜在威胁的伤害。另外，耐斯于 2012 年为马来西亚联昌证券银行（CIMB）安装了远程银行诈骗解决方案的系统。

九、耐特菲姆

耐特菲姆公司（Netafim）是世界一流的智能滴灌和微灌技术公司，也是全球农业、温室承包工程和生物燃料作物市场的领军者。在亚洲，耐特菲姆公司业务主要集中在中国、印度、日本、韩国和泰国。该公司计划于 2015 年在中国宁夏回族自治区开设一条滴灌设备生产线，以便更好地为当地农民和公立机构服务。

耐特菲姆公司在印度拥有较为成熟的分支机构。2014 年，耐特菲姆灌溉印度有限公司被品牌学院（Brands Academy）评为"年度最佳灌溉解决方案供应商"。品牌学院是印度首屈一指的品牌管理咨询机构。耐特菲姆灌溉印度有限公司目前在印度南部进行的一项滴灌项目，覆盖土地面积 3 万英亩，涉及 22 个村庄共计 6700 余农民，是世界上规模最大的滴灌投资项目之一。

耐特菲姆公司是全球滴灌和微灌技术先驱，
在亚洲市场拥有强大的影响力，包括印度和中国

十、以色列脱盐工程技术

IDE 技术公司（以色列脱盐工程技术）在亚洲尤其是中国和印度极其活跃。IDE 技术公司在中国天津建有中国最大的海水淡化厂，在印度则帮

IDE 技术公司中国天津建立的海水淡化厂

信实工业公司（Reliance Industries）建成了印度最大的海水淡化厂。

十一、奥宝科技

澳宝科技是全球领先的自动化光学检测设备和计算机辅助制造系统供应商。这家跨国企业在亚洲地区尤其活跃，其大部分大型电子生产设施均坐落在亚洲。

2014 年，澳宝科技获邀为中国南京中电熊猫液晶显示科技有限公司最新一代的 TFT 液晶屏面板生产线提供设备检查、测试和维修解决方案。

2013 年，澳宝科技与一家台湾领先的印刷电路板厂商签署框架协议，双方将合作大规模生产高密度互连印刷电路板。

十二、Mellanox

Mellanox 公司是全球领先的以太网、InfiniBand 计算机网络和交换机以及主机总线适配器供应商，在亚洲业务规模不小。

2014 年，日本富士通旗下子公司 PFU 有限公司为其高清视频系统选择了 Mellanox 公司的开放式以太网交换机系统。2014 年 11 月，东芝为其储存平台选择了 Mellanox 40G 以太网适配器。2014 年 9 月，为加速数据库应用，雅虎日本公司在日本多个数据中心内部署 Mellanox 技术公司开发的 In-finiBand 解决方案。

十三、Matrix

Matrix 集团是以色列领先的 IT 服务公司之一。2014 年 Matrix 通过旗下培训公司约翰布莱斯高科技学院与 PTL 集团的合资企业在中国南京开设了一个培训中心，与南京质量技术检测中心合作运营。此前一年，Matrix 集团在中国常州市已经开设了一个移动应用开发中心。

十四、以色列国民银行

以色列国民银行是以色列最大的银行之一，在美国、瑞士和英国均设有分支机构。2014 年 5 月，该银行在上海成立代表处，以此作为以色列和中国之间的金融桥梁。

十五、Kenon 控股（观致汽车）

Kenon 控股是以色列控股集团（Israel Corp）的子公司，该集团由以色列首富伊丹·奥弗控股。Kenon 控股投资超过 6.5 亿美元与中国汽车制造商奇瑞汽车成立合资汽车企业，为中国和欧洲市场开发观致系列轿车。2014 年，观致在中国的销售量为 7000 辆。

小即是美

以色列有许多初创企业和小型企业活跃于亚洲各国市场。下面我们将以部分企业为例，说明亚洲市场对以色列企业经营模式的战略意义。

第九章
以色列企业在亚洲

一、Ceragon

Ceragon 公司主要为无线服务运营商和私营企业提供高容量微波以太网和 TDM 无线回程技术。Ceragon 公司在亚洲尤其是印度很活跃。2013 年，该公司获得印度第三大移动运营商 Idea Cellular 合约，在印度全国各地为 Idea Cellular 更新成千上万个无线回程网络，以支持 3G 及更高级移动通信带来的数据增长。

二、Bio-Nexus

Bio-Nexus 是一个革命性的移动软件平台，能促进军队医疗单位、医院急诊室、急救场景和其他环境的工作流处理，在这些环境中工作流处理非常重要。

Aero – Nexus 工作流平台

Bio-Nexus 公司是业内领先的 IT 工作流处理平台提供商，为医疗和航空等不同行业提供工作流处理软件。该公司的亚洲业务非常活跃，其客户包括著名的航空公司长荣航空、澳洲航空和中华航空。

三、Traffilog

Traffilog 是开发车辆管理解决方案的著名以色列企业。2013 年，该公司与中国交运集团签署了一项重要交易协议。交运集团是中国最大的客车企业，运营客车九千多辆，救援车辆两千多辆。Traffilog 提供的解决方案能够检测汽车引擎和刹车问题、降低维护成本和提高管理效率。

四、D-Pharm

D-Pharm 是一家开发治疗严重大脑疾病创新药物的专业医药公司。2011 年，该公司与中国江苏恩华药业股份有限公司签署独家开发和销售许可协议。江苏恩华药业是中国最大的制药公司之一，根据协议恩华药业将在中国销售 D-Pharm 研制的癫痫治疗药物。

五、泰迪泰迩

泰迪泰迩汽车电子公司（Taditel）是以色列哈嘉茨集团（Ha'argaz Group）旗下的子公司。2015 年 2 月，该公司在中国常州武进经济开发区的常州工业孵化基地（CI3）开设工厂。泰迪泰迩公司专业开发汽车电压调节器，主要客户包括世界著名的汽车品牌，例如宝马、奥迪、沃尔沃、福特、通用、丰田、标致、雪铁龙和菲亚特。

六、Brainsway

2013 年，以色列医疗设备公司 Brainsway 与世纪医疗（Century Medical）签署经销协议。世纪医疗是伊藤忠商社旗下子公司，负责在日本销售 Brainsway 公司开发的深部经颅磁刺激（TMS）系统，用于治疗重度抑郁症。

七、Tvinci

2013 年，初创企业 Tvinci 凭借其创新技术与新加坡新传媒集团（Media Corp）达成了数百万美元的交易，Tvinci 负责管理内容播放和保护，并提供社会电视以及高层次的用户体验。

八、Pluristem

以色列 Plusistem 医疗公司从事干细胞开发业务，2013 年与韩国生物技术公司 CHA Bio & Diostech 签署战略伙伴关系协议。协议内容包括在韩国使用 Pluristem 研发的 PLX = PAD 细胞治疗两类外周动脉疾病（PAD）。

九、AB 牙科

以色列公司 AB 牙科设备公司主要生产口腔种植体产品和计算机种植设计系统。2014 年，该公司与台湾明基公司签署经销协议，双方合作成立明基口腔医材股份有限公司，向亚太地区的明基牙医诊所销售 AB 口腔种植产品。

十、Lexifone

2013 年，开发电话语音自动翻译技术的 Lexifone 通信系统公司与中国常州市签署协议成立研发中心。Lexifone 开发的软件系统能够为电话或视频会议提供多语言翻译服务。

十一、IQP

以色列初创公司 IQP 可以让用户在没有任何编程知识的情况下自己创建应用。2015 年 3 月，该公司与日本富士通、日本电气（NEC）和日本 KDDI 电信合作开发物联网（IoT）应用。IQP 的技术平台将大幅度改变物联网在汽车、能源、医疗保健、智能家居、智能城市、蜂窝移动电话和教育等领域的运营方式。

第十章
塑造中以双边关系的三大支柱：
商业、旅游、精神追求

商业是开门匙

一、从丝绸之路到创新高速

商业和贸易是开启文明社会大门的钥匙，有助于相互交流和理解，推动社会进步。从古代的丝绸之路到现代的创新高速，延续一千多年的相互联系、彼此尊重和共同利益，促成了今天以色列与中国之间的创新合作与交流。在全球范围内，以色列站在许多领域的研发前沿，其创新的发明和技术正在彻底改变世界。中国在制造业上无可匹敌，但是中国已经意识到，创新是其致命弱点。虽然中国培养的科学家和工程师在数量上已经大幅度增加，但是中国知道仅有数量还不足够。我们今天所看到的"天作之合"，也是历经多个世纪的培育，直到几年前才初现雏形。

二、冰山一角，或者更准确地说，是沙穹之顶

随着投资者兴趣和新业务拓展均达历史新高，以色列和中国合作的

"蜜月期"很可能继续延续到未来。今天，中国最具创新能力的技术巨头例如阿里巴巴和百度都是拓荒者和意见领袖。随着这些企业在以色列市场的立足，中国将会有更多的企业家和公司了解以色列的创新能力，准备挖掘以色列的潜力，也很快就会加入到先行者们采用以色列技术的行列。

在其他亚洲国家也出现了类似的趋势。印度、日本、新加坡和韩国的大型企业，如印孚瑟斯、塔塔、索尼、乐天、淡马锡、新电信、三星和LG，已经率先参与投资以色列的技术。他们也在为其他投资者带路，并帮助加强以色列与亚洲之间的纽带关系。

旅游让双边关系更加友好

一、神奇魅力、好奇心和正面形象吸引中国人前来拜访圣地

除了持续发展的商业联系之外，普通中国人对以色列的丰富历史和独特旅游机遇的兴趣也与日俱增。

中国人在很多方面都着迷于以色列。首先，从历史的角度看，中国认可现存最古老的文明之一的以色列，在经历种种劫难之后，终于建设成为一个经济强大、欣欣向荣的国家。这一点与中国非常相似。让中国人感兴趣的另一方面，则是两国相比规模差异很大，中国拥有14亿人口，国土面积达到960万平方公里，而以色列人口只有830万，国土面积才2.1万平

方公里。

以色列在学术、科学和文化进步上的强大实力，让中国人对以色列的兴趣更加浓厚。比如说，犹太人占世界人口比例不到 0.25%，但是诺贝尔获奖者中有 24% 都是犹太人，有那么多犹太人获得诺贝尔奖，这让中国人很好奇。世界上没有哪个国家的获奖成绩比得上以色列。在中国人眼中，以色列似乎与高智商、成功甚至奇迹是同义词。因此，"最早一波"到访以色列的中国游客都想了解这个古老民族的活力。当然，这个古老的民族今天已经成为全球创新先锋。

到以色列旅游的中国游客之所以越来越多，还有最后一个重要原因：以色列之旅是朝圣之旅。据中国社会科学院估计，2012 年中国基督教人口大约为 5000 万。这部分基督教徒便是现在和未来主要到访以色列的游客来源，他们渴望与圣地建立联系。虽然到圣地朝圣常常与基督教徒有关，但是朝圣并不为任何一个宗教或文化所独有。去以色列的中国游客都热衷于朝拜以色列圣地并参观圣地上许多被联合国教科文组织列为世界文化遗产的古迹。

二、旅游业欣欣向荣

中国旅游业正在蓬勃发展。2012 年，中国成为全球最大的旅游输出国。2014 年中国出境游客超过 1.16 亿人，出境旅游消费约为 1200 亿美元。以色列旅游部估计，2020 年中国出境旅游消费将增长至 2000 亿美元。

以色列对游客有强大的吸引力，他们深深着迷于以色列的阳光沙滩、历史和宗教遗迹、世界文化遗产、美食体验、潮流生活、医疗保健和高科技专业技术、商业机会和学术氛围——这吸引了越来越多的中国游客。2012 年中国游客到访以色列人数为 2 万，2014 年该数字大幅度增长至3.4万人，预计2017 年将达到 10 万人①。

三、市场打开大门

以色列的航空公司、酒店、旅行社和其他旅游机构都认为，中国市场的开放是一次千载难逢的大好机会，他们正在做好各种准备，迎接未来几年将会大量涌入以色列的中国游客。中国的海南航空已经抢占先机，在2015 年 9 月首开北京直飞特拉维夫航线，每周三班飞机。香港的国泰航空也紧跟其后，预计在 2016 年年中开通香港直飞特拉维夫航线。由此看来，广州、上海等城市开通以色列直飞航线，也只是时间问题而已。

---

① 来源：以色列驻华大使马腾。——原注

精神追求：寻找智慧，孜孜不倦

一、共同的价值观

随着中国人对犹太文化的接触越来越多，加上两国古老的文化传统，一个超越了商务或旅游目的重要主题也吸引了中国人对以色列的兴趣。这个主题就是精神追求——不断地学习和寻找无穷的智慧。

我们选择不讨论宗教或信仰，我们认为宗教或信仰属于私人领域的议题。但我们想强调中国和犹太文明共同享有的一些价值观和原则，例如注重家庭、尊敬老人、尊重教育、强烈的职业道德、诚实正直、追求幸福和成功、重视智慧和精神追求。犹太人口数量不过中国人口的1%，但是犹太哲学丰富多彩，述著浩如烟海。令人意外的是，犹太哲学和中国哲学存在许多共同之处。

就以本书两位作者的亲身经历为例吧。最近我们陪中国投资者游览以色列，我们带他们去参观马萨达城堡。马萨达城堡是坐落在山顶上的防御工事，象征着犹太人对罗马帝国侵略者的抵抗。我们犹太人基本上每天都会祈祷，祈祷的时候把经文匣"塔夫林"佩戴在胳膊上和头上。我们在进行这个宗教仪式的时候，在场的两位中国客人说，我们佩戴"塔夫林"的两个位置，也是中国针灸的经穴部位。

二、阿丁·施坦泽兹拉比：犹太哲学和中国哲学的著名权威学者

阿丁·施坦泽兹拉比生活在耶路撒冷，是当代犹太世界著名的拉比、学者和知识分子。《时代》杂志曾经称赞施坦泽兹拉比是"一位天才，是出类拔萃的学者、教师、科学家、作家、犹太神秘主义者和社会评论家，他吸引的门徒来自犹太社会所有派系"。

施坦泽兹拉比也是犹太和中国思想对比研究的权威专家。他诠释和出版的《阿伯特——犹太智慧书》（*Pirkei Avot' "Ethics of the Fathers"*）是犹太民族最重要的典籍之一，现已有中文译本。施坦泽兹拉比的讲座往往充满远见和犹太智慧，下面我们与读者分享的是施坦泽兹拉比 1996 年在北京的犹太哲学和中国哲学对比讲座实录。在讲座中，施坦泽兹拉比指出，犹太人和中国人有许多相同的价值观和原则。不但如此，这两个古老民族都成功继承了祖先的智慧和传统，并应用于现代创新社会之中。

中译本《阿伯特——犹太智慧书》，由以色列塔木德出版社出版

阿丁·施坦泽兹拉比在北京的讲座实录

以下内容编辑自施坦泽兹拉比 1996 年在北京的学术讲座节选，编辑稿未经施坦泽兹拉比本人审阅。

《阿伯特——犹太智慧书》成书于塔木德时期。从数量上说，《塔木德》比本书宏大几千倍。因此，这本书并非集犹太文化之大成，而仅仅是其沧海一粟。《塔木德》是一部规模更加宏大的书籍，《阿伯特》只是其中一卷。塔木德时期是犹太文化最丰饶的时期，犹太贤哲著书立说，编纂律法典籍，《塔木德》也只是其中之一而已。

我选定《阿伯特》译为中文，可以说是因为这本书是犹太文化里"最中国式的书"。在中国古代文化中有许多类似于《阿伯特》的典籍——不但总体思想相似，甚至细节也很相像。事实上，许多年前我第一次读到儒家的"四书"时，光是孔子、孟子以及后来的老子的字句与犹太文献的字句对比，我就写满了几个笔记本。

有时候，两者之间实在太相似，甚至会让人觉得我们各自的古代贤哲是不是相互抄袭。然而，虽然这些典籍大概编纂于同一时期，但是两种文化之间的地理位置太遥远，相互抄袭是不可能的。事实上，古代来到中国的犹太人数量甚少，移居开封的犹太人社团更是微小，他们在那里生活了几百年，受教育程度不高，影响力也很有限。

中国人和犹太人在很多方面都非常相似。我们都是古老民族，也是或者希望是富有智慧的民族。此外，我们的文化都不是布道文化。我们犹太人不会派人到其他国家，让他们成为犹太人，我们对此不感兴趣。我也从来没有听说过有中国传教士到印度或者其他任何一个国家，去说服或者逼迫当地人成为中国人。中国人相信，无论什么文化都可以加入中华文化之中。犹太人也一样，我们认为犹太教属于犹太民族，无论什么人都可以皈依。与之相反的是，在犹太文化的塔木德时期，犹太教出现了两个分支——基督教和伊斯兰教。因为是传教士宗教，基督教和伊斯兰教在数量上远远超越了其源头犹太教。

也许正是因为不喜欢布道，犹太人和中国人都被批评为过于傲慢。无论别人对我们作如何评述，我们拥有自给自足的意识，而且完全无意把自己的文化向外拓张，这也是我们今天能进行良好对话的根本原因之一。也许我们会对彼此感兴趣，对彼此感到着迷，我们肯定能相互学习，各取所长，但是我们不会试图改变彼此的信仰。

图为阿丁·施坦泽兹拉比、马飞聂、莱昂内尔·弗里德费尔德
和巴里·拓普夫（从右到左）

第十章
塑造中以双边关系的三大支柱：商业、旅游、精神追求

一般来说，犹太文化和中国文化都推崇智慧。当然，几乎所有文化都宣称尊重智慧。但是，犹太文化和中国文化都形成了推崇智慧的独特形式，这是其他文化没有的。这个形式也许可以称为"智慧主义"，或者是"智者统治"，这个词尚未出现在任何一本社会学教材里。也就是说，在我们两种文化里，智慧大师（长老）不仅仅是在书房里研究学问、传道授业的学者，从某种意义上，他们也是治理社会的人。

《塔木德》描述了一种社会治理制度：70位犹太长老在首都组成议会，决定全国性的法律、秩序和行为守则等重大问题，他们就是国家的统治者。在全国的每一个区域有一个23人组成的小议会，由他们来治理各个地区，小城市则由三人组成的委员会管理。如果三人委员会里有人表现出色，他将会受到提拔，加入到23人议会；如果23人议会里有人展示出过人才能，最终他将被招录到70人最高议会。这种选拔方式与中国长久以来的官员选拔制度非常相似。

在中国文化和犹太文化里，智者之所以名满天下，不仅仅是因为著书立说，他们也并非与世隔绝。首先，智者应当精通古典文献，这也是最重要的一点。有意思的是，希伯来字母是世界上最古老的文字之一，具有三千多年历史，但是犹太贤哲仍要将数千书籍熟记于心。

总而言之，智慧的概念，以及有关智慧的问题，占据了《阿伯特》大部分篇幅。其中一个中心议题是：理论与实践的关系是什么？两者分别应该置于什么样的合适位置？

对于这个问题，犹太贤哲的所有答案都指往一个方向：如果无法

用于实践，理论则毫无价值。《阿伯特》第三章第17节提出一系列悖论，其中说道："如无食粮，即无智慧；如无智慧，亦无食粮。"那么，该如何选择呢？书里接着说："聪明过于其品行者，似枝繁根浅之树，风来时会将其连根拔起。品行过于其聪明者，似枝疏根密之树，即使狂风吹临，也无法使其离位。"

因此，做不到言行合一的人不能称为学者，也不配得到任何荣耀。我们说老师应该以身作则，言传身教。因此，他的学生时时刻刻都会看着他，因为他对学生的教育，不但发生在讲课的时候，而且在生活的每一个时刻，甚至他开的一个玩笑，都可能成为学习的材料。从广义上说，老师也可以比喻成一棵大树，树上的果实就是师傅讲课时的直接教导，而其他言行举止，就像树枝、树叶等其他部分一样，也是大有裨益的。

《阿伯特》与大多数中国文化典籍的一个主要差别在于：在犹太典籍里，道德是一种客观的、永恒的、超现实的、宗教的价值观，且与社会便利无关；而在中国文化里，道德观念基本上是社会的、实用的问题。在此我想提出的问题是：仅仅依靠实用的道德观念，社会能够存活下去吗？智慧大师与当权者之间应该是什么关系？

大家知道，中国文化在很多方面都是独立自主的，至少在古代，中国文化与其他文化往来极少。唯一著名的例外，就是中国对待佛教的态度。中国学者不远万里来到印度，他们学习梵文，翻译大量佛经，置身于另一种完全不同的文化，并将其带回中国。佛教（纯粹的佛教，而不是中国的融合了佛教、儒教和一些道教思想的通俗佛教）

第十章
塑造中以双边关系的三大支柱：商业、旅游、精神追求

里也有一种与犹太教类似的客观、外在的道德观，而不是实用的、作为社会行为准则的善恶观，这种道德观念是客观、永恒的，具有约束力的，因为这种观念不是人为的。然而，犹太文化里的道德观比佛教走得更远，稍后我再对此举例说明。

我前面提到，在中国文化和犹太文化里，智慧大师在某种意义上是国家的统治者。但不管在犹太文化还是在中国文化，他们几乎从来没有掌握过实际的权力。他们总是从属于某种权力。换言之，智者拥有智慧、声望和影响力，但是他们没有掌握军队或者经济。我们历史上也曾经出现过掌握智慧和军队的领袖，但是他们只是个别现象。

智者如何与统治者保持恰当的关系，是传统社会的重要议题，也与传统社会与现代社会的矛盾有关。"四书"对此均有所讨论，孔子本质上是体制的支持者，可以说任何一种政权他都支持。孟子开始让古代圣贤敢于对统治者说"不"。老子呢，如果在现代，他可能就是一个无政府主义者：他对政治制度毫无兴趣；他努力的方向与政治制度毫无关系。因此，老子和孔子在历史上和理论上的关系都非常有趣。

总体而言，犹太学者对统治者的态度则截然不同。他们认为，国王没有至高无上的权威，国王也要遵守法律；如果国王违反法律，人民有权力反对他，违抗他的命令，反抗他的统治，甚至杀掉他。

最后，我想提出的另一个问题是：新与旧之间的关系是什么？或者说新与旧之间应该是什么关系？一般而言，学者往往在情感上和文化上都倾向于保守。那么，学者是否能够、或者是否应该支持新事物

和新思想并反对现有体制？

在传统社会，学者致力于连接历史，他们相信历史，竭力维持现状。要知道，那时候发现古代文本比发现新文本更能让学者感到高兴。在现代社会，情况几乎是完全反过来了，因为现代性的本质，就是人们相信新事物永远优于旧事物。现代科学家或研究者的最大任务，就是证明他们写出了前人从未写过的文章，做出了前人从未做过的研究。作为学术研究者，你们都知道，要证明自己的研究有所创新是多么艰难的事情，尤其是真的毫无新意的时候。

《阿伯特》也探讨了这个问题。第二章第9节讨论的是哪一种学者最值得称颂：是记忆超群的，还是富有创意的？前者可比作胶封的水槽，滴水不漏；而后者则可比作喷涌之泉。这也是一个现代人所面临的问题。

总而言之，犹太传统似乎把两者融合在一起了。一方面，我们鼓励每个人创新，但与此同时，我们希望创新者能证明，他的创新能够做的事情，在古代已经有人做过。让我用一个半开玩笑的比喻吧，中国传统文化期待年长的女性穿传统的服装，现代文化则鼓励年轻女性穿现代服装，而且是越短越好。我们的文化似乎更喜欢年轻女性穿传统服装。

第十一章
以色列、中国和亚洲：
展望未来 50 年

谁敢妄言自己可以准确地描述 50 年后的以色列—亚洲关系呢？在亚洲地区，明天是不确定的。因此，以色列人选择把精力集中在当下。事实上，50 年听起来仿佛像永远那么遥远，不管有没有远见，也几乎没有人期待自己能够准确地回答这个问题。

我们认为，与其看水晶球作猜测，不如采取一种务实的方式。我们会重点介绍几个发展趋势，这些趋势在我们看来将会加强以色列和亚洲的区域合作伙伴关系。首先我们根据目前已经启动的以色列—亚洲合作项目，预测未来几十年的重要合作基调。由于中国是亚洲地区经济发展的驱动力，我们的分析主要围绕中国展开。

通过这种务实方式得到的结论和设想，仅仅是我们自己的观点和看法，尚未得到大型机构的调查和研究数据作为支持。事实上，这是一个全新的领域，它出现的时间并不长，还没有相关数据和预测填补空白。因此，以下内容就是我们自己的"最佳预测"。

现有的合作关系

在商业合作方面，我们认为以色列—中国关系将仿照以色列与美国的合作模式，在许多领域展开紧密的合作，包括在以色列设立跨国公司研发中心、吸引金融市场和金融机构、参与以色列基础设施建设和签订双边自由贸易协议。

一、中国跨国企业设立研发中心

中国跨国企业已经开始在以色列设立研发中心或创新实验室。中兴、华为和海尔便是最早顺应这个趋势的中国企业。目前全球共有 250 多家跨国企业在以色列设立研发中心，其中 165 家是美国企业，占总数比例为 66%①。按照目前的趋势，50 年后，我们相信中国企业的数量至少与美国平分秋色。换言之，未来几十年里，直接受益于从以色列专业技术的中国企业数量将会达到数百家。这个数字对中以两国的就业和文化交流都具有重大意义。事实上，整个以色列市场生态系统都会受到影响，首先是提供专业服务的行业，例如律师、会计师和审计师，他们将会帮助中国企业顺

---

① 来源：《以色列时报》。——原注

利适应新的商业环境。

二、金融市场

以色列和中国有价值主张的互补性。以色列拥有全球最具活力的高科技和创新生态系统，但是以色列金融市场却未能吸引足够的全球资金流入。另一方面，中国拥有全球最高的储蓄率，注定会主导未来的全球性的资金流动，而且中国需要一个闻名世界的高科技标签。以色列金融市场和中国联手也许就是最佳组合。

中国已经逐步开放市场，在国际金融市场体系比如国际货币基金组织、世界银行和亚洲开发银行的影响力也与日俱增。2014 年 10 月，中国在北京倡议设立亚洲基础设施投资银行（亚投行），以此举向世界传达一个清晰的信息：中国意欲领导亚洲基础设施的项目融资。虽然有些国际金融组织将亚投行视为竞争对手，但是中国表示亚投行的投资活动将会是国际货币基金组织、世界银行和亚洲开发银行的有益补充。

人民币在数量上已经是全球第五大货币，中国已明确表示要让人民币国际化，并使之成为国际储备货币。此举将确立人民币的国际主流货币地位，比肩美元和欧元。目前人民币供给和需求的均衡都会受到全球金融系统的影响。

事实上，随着中国和人民币的崛起，所有细分市场都将重新洗牌，包括外汇、资本、债务和商品，不管是私营还是国有玩家，都无一例外。金融界将会发生巨大变化，以色列由于与美国股票市场关系密切，且尤其依赖纳斯达克，纽约证券交易所和风投基金，将会受到严重的冲击。

这只是开始而已，未来将会有更多中国金融机构和风险投资公司进入以色列市场。2015 年 6 月，中国复星集团收购德雷克集团持有的凤凰保险集团股份①。未来中国资本市场将提供足够高的资金流动性和公司估值水平，吸引以色列企业家到中国的证券市场例如香港股票交易所上市，而不是去美国，这是迟早会发生的事情。

我们认为，特拉维夫证券市场应该抓住这千载难逢的机会，像美国商品交易所（ACE）、欧洲证券交易所（EURONEXT）和纳斯达克等其他领先的交易所那样进行私有化改革；也可以与主要证券市场，例如上海或者深圳建立战略联盟，为未来的双边合作创造新的全球技术资本平台。

基础设施建设

中国是以色列交通和基础设施行业的重要合作伙伴，双方的合作增长很快。刚开始的时候，中国在以色列只是作为承包商，但在短时间内，中国迅速成为运营商，并在以色列拥有战略资产。以色列的公交车和货车主要由中国企业生产提供，例如宇通客车和厦门金龙客车。中国政府和多家私营企业在以色列的战略基础设施项目中发挥了积极作用，例如卡梅尔公路隧道、阿口至卡米尔铁路以及尚未动工的阿什杜德港口和正在运营的海

---

① 来源：《环球报》。——原注

法新港口深水码头。

在铁路方面，中国企业将分别向以色列铁路公司提供电力机车，向特拉维夫大都会区公共运输有限公司提供轻轨车辆。中国很可能会在埃拉特高速铁路建设项目中发挥更重要的作用，这项未来旗舰高铁项目将由中国承建商建造铁路，由中国制造商提供电力机车和车辆，提供资金的也是中国的银行。

中国的"一带一路"战略是中国国家主席习近平于 2013 年年底提出的，目的是建造基础设施连接和商贸线路，通过一条陆地经济"带"和一条海上线"路"连接中国与中东、欧洲和非洲。在此框架下，中国认为以色列是一个极佳的贸易枢纽。埃拉特高铁线路将作为一座陆上桥梁，连通红海港口埃拉特和地中海港口阿什杜德，绕开苏伊士运河。埃拉特高铁建成后，中国便可通过以色列直接进入欧洲、非洲和中东市场。

我们估计，在未来 50 年内，以色列和中国将会继续推进各个基础设施领域的合作，例如港口、公路、货运、铁路等。合作伙伴关系对两国均具有至关重要的意义，既有利于改善以色列周边地缘政治的稳定，也为中国在远东、欧洲和非洲之间的商贸线路提供安全保障。

自由贸易协议

2014 年，以色列从中国进口额第一次超越美国。根据以色列中央统计局的数据，以色列从中国进口的商品和服务总额为 81 亿美元，从美国进口的数额为 74 亿美元。这很可能标志着一个长期趋势的开始，中以双方更紧密的合作将对此给予有力支持。2015 年 5 月，以色列和中国签署协议，相互承认优质企业体系（AEO）。优质企业体系互认能提高商品进出口通关的便利，从而促进两国的商贸合作。

以色列和中国建立战略伙伴关系，让以色列的知识型产业与中国的工业制造业优势结合，这对两国而言都具有重要意义。因此，我们相信，在未来50年里，以色列将与中国签署自由贸易协议。中国国家媒体也表示，中国将于2015年启动与以色列的自由贸易谈判。

地缘政治

近年来，中国在以色列相当活跃，成为促进以色列经济增长的重要驱动力之一。因此，某些观察人士认为，中国是相当理想的合作伙伴，可为中东地缘政治困境提供可行的解决方案。中国提出"一带一路"战略，致力于增加从中国到欧洲及其他地区的贸易路线，将为中东各利益相关方创造经济繁荣，足以说服他们与以色列建立正常的外交关系。现在中国的经济和金融实力与日俱增，与中东各个国家关系友好，投资合作兴趣高涨，加上其拓展国际外交关系的新举措，相信在未来50年里，中国将会对以色列和整个中东地区产生积极的影响。

旅游业

随着中国内地和香港著名的航空公司、酒店、旅行社对以色列市场的兴趣大增，其他市场参与者也会紧随其后。毫无疑问，以色列独特的旅游资源，将会吸引越来越多的中国游客。

预计到 2017 年，中国到访以色列游客将超过 10 万人[①]。我们估计，50 年后，每年到访以色列的中国游客数量将高达 50 万人。2014 年以色列共接待游客 330 万人，其中 62.6 万人来自美国，56.7 万人来自俄罗斯。中国有大约 13 亿的庞大人口数量，相信很快会成为以色列前三大外国游客来源国。

游客大量涌入以色列便产生庞大的膳宿需求，我们预测会有更多外国企业投资以色列的酒店业，致力于为游客提供一流的酒店服务。随着越来越多的国际酒店集团在以色列开设新的五星级酒店，以色列本地的服务、饮食标准和价格将会作出调整，以适应国际潮流。以色列本地的竞争对手也会翻新酒店，并建造针对外国客户的国际酒店。部分餐饮企业将会提供适合中国人口味的饮食，从早餐到午餐和晚餐，专为中国人量身定制。以色列旅游业将会焕然一新，较明显的特点是出现许多大型度假胜地，配有

---

① 来源：以色列驻华大使马腾。——原注

温泉、高尔夫球场和游艇码头等休闲娱乐设施，专门为中国高端客户、其他国际游客和日益增加的本地游客群体服务。

教育与价值观交流

以色列最好的学术机构包括以色列理工学院、特拉维夫大学、赫兹利亚跨学科研究中心（IDC）、希伯来大学、本－古里安大学和巴伊兰大学，这些学校在过去几年里吸引了越来越多来自中国和亚洲的学生。每年新生人数从几年前的几名，增加到现在的几百，而且还在以两位数的增速增长。以色列亚洲中心等非营利机构积极资助亚洲籍外国学生在以色列留学，培养他们成为以色列—亚洲关系的新生代领导者。

一、联合成立学术机构

广东以色列理工学院是中国汕头大学和以色列理工学院合作成立的高等学校。以色列理工学院是以色列著名的理工学校，汕头大学是中国南部最负盛名的大学之一，双方之间的合作，是中以学术交流的成功典范。广东以色列理工大学是由富有远见的李嘉诚资助建成，是以中合两国合作的首个大规模教育项目。

以色列其他大学和中国的学术机构的跨国合作项目也在酝酿之中。我们估计，未来两国将会有更多大学分别在以色列和中国成立合作分支机构和培训中心，招收聪明乐观、积极上进的以色列、中国和其他国籍的学生，把他们培育成未来的领导者。

二、学前教育合作

犹太人和中国都极其重视教育。因此，以色列和中国不但大学教育，而且在高中、初中和早期教育都采用了同样的教育系统。以色列东地中海国际学校在 2015 年的课程设置里就有以色列—亚洲青年交流项目。

中国教育工作者、学校和私营培训机构都认为以色列拥有极其丰富的学前教育和青年培育资源。以色列企业已经开发出许多成功的幼儿语言、数学和逻辑互动学习方案，例如阿玛查卡媒体有限公司（UmaChaka Media）推出的"TJ & Pals"学前教育品牌。这些课程资源将会出口到中国。

在未来 50 年内，我们相信以色列和中国在教育领域的合作将会大幅度增加，双方将在两国开设夏令营、学校、大学和为数众多的继续教育课程，并联合颁发学位。

结　语

在过去几年里，中国对以色列各行各业乃至细分市场从小型创业公司到大型工业企业的投资相当活跃。

大部分经济评论人士都认为，凭借其日益上升的经济实力，中国有能力在国际上货比三家，从不同国家包括以色列购买最优秀的产品和最先进的技术。

我们相信，以色列与中国之所以能够在过去几年的基础上继续扩大战略合作伙伴关系，是多个因素合力的结果，例如历史、文化和精神追求。用这种方式审视这些近期现象在经济界尚不普遍。

以色列和中国是全球化新时代的最佳搭配，两国拥有极具互补性的强大竞争优势，以色列可以贡献技术和创新，中国则提供制造能力和资金支持。不过，双边关系能否成功，关键在于两国人民。中以两国人民对彼此都抱有崇高的敬意，这一关键因素将有助于双边合作关系的持续发展。

中国人和犹太人彼此认识已逾数千年，他们曾经一起生活，一起通商。虽然两个民族的友好往来源于丝绸之路，今天的主要商业通道却是创新高速公路。永远不变的是：以色列和中国仍然站在创新和经济发展的前沿。从古代到 21 世纪，相同的价值观和道义让两个古老的民族聚在一起，他们都既尊重传统，也在不断创新。

中国与以色列建立新的战略伙伴关系，可能会受到美国—以色列关系的挑战。美国一直以来与这个犹太国家关系紧密，尤其在商业领域。其他亚洲国家，像印度和科技相对先进的日本、韩国和新加坡，也都野心勃勃，希望与以色列建立长期优选合作伙伴关系。只要顺应我们指出的趋势，我们有理由相信，在与以色列合作的舞台上，所有各方都可以从中受益，关键是要顺应潮流。

附　录
以色列的高科技卓越行业

一、农业技术

说起以色列的卓越行业，也许人们想到的行业首先是农业。以色列农业技术（农技）拥有世界首屈一指的创新能力。在建国之初，由于气候干旱，以色列自然资源极其缺乏，水资源和耕地都非常有限。历经多年，以色列人开发出提高农作物产量和农业生产力的方法和技术。以色列人的创新精神代代相传，如今以色列的农业技术世界领先，主要也是这种创新精神所致。

下面是以色列几家著名农技创新企业的简要介绍。

公司	行业	业务
UniVerve	能源	开发替代化石燃料的微藻生物能源
TransBioDiesel	能源	利用动物脂肪和植物油创建酶促过程，提高生物柴油的盈利能力
SUBflex	渔业	为海上养殖业设计水下网箱系统，提高高质量精品鱼产量
Morflora	种植业	创建可以进行种子和植物基因改造的平台

续表

公司	行业	业务
Rosetta Green	种植业	开发可以在无水状态下存活更长时间的转基因土豆和烟草
Metabolic Robots	家禽	为家禽业开发自动喂食系统，通过分类预设来控制喂食的频率和食量
CattleSense	畜牧	提供具有太阳能和射频功能的非侵入性生理传感器，家畜饲养者可以借此了解有关家畜的关键信息
Kaiima	农作物	开发可持续农作物新品种，提供生产率以及土地和水资源利用率

二、清洁能源技术

以色列的清洁能源技术在行业专家眼里全球数一数二。以色列成为清洁能源技术强国，主要原因是以色列气候干旱，水资源极其有限。目前从事太阳能和水技术的以色列企业超过 500 家，对清洁能源技术的研发投入非常巨大。

1955 年，以色列第一任首相本戴维·本–古里安开始鼓励使用太阳能，以色列政府实行相关措施，让家家户户使用太阳能面板加热供暖。也有许多以色列企业开发水技术，例如灌溉、海水淡化、过滤和优化管理。

许多企业在再生能源和水技术领域已经实现突破性创新。他们取得的成功详见下表。

公司	业务
再生能源	
BrightSource/Luz	领先的太阳热能利用企业，成为美国 BrightSource 能源公司在以色列的研发中心
SolarEdge	电源优化器、太阳能逆变器和光伏阵列监控解决方案供应商
BrenmillerEnergy	生产用于电力和蒸汽设备的模块化太阳能蒸汽发生产品
Tigo Energy	优化光伏板输出
OrmatIndustries	世界领先的地热和太阳能蒸汽发电企业
Arrobio	利用城市生活垃圾制作废物燃料，无须事先人工分类，回收率达到 90%
AppliedCleantech	利用生活污水生产用于制造乙醇的材料
PhoebusEnergy	生产节能型混合热泵，用于油基系统，节能率可达 50%—70%，减少污染 80%—90%
PowerSines	生产照明节能控制器，实现动态电压调节，功率优化，节电 20%—35%
水资源	
Netafim	20 世纪 60 年代率先推出滴灌技术，现已成为行业佼佼者。滴灌是利用管道系统让水缓慢滴入泥土，达到节水的目的
Naan Irrigation Systems	另一家专于滴灌技术的企业，被印度 Jain 灌溉公司并购后，成为 NaanDanJain 灌溉公司
IDE Technology	专门提供水资源解决方案，包括建立海水淡化厂和工业水处理厂
Nirosoft	利用先进的废水处理和海水淡化技术，解决工业水处理和城市用水问题
Desalitech	专业生产反渗透海水淡化系统
Amiad Water Systems	业内评价极高的过滤解决方案提供商
Bermad	阀门和控制管理系统制造商

公司	业务
Emefcy	废水处理公司，利用微生物燃料电池技术创造生物电化学过程，以低成本生产电力和氢气
Aqwise	世界领先的创新水务公司，为城市和工业园提供水资源和污水处理解决方案
TaKaDu	提供综合网络管理解决方案，创造智能供水网络，帮助公共事业单位节约水源

三、国土安全

以色列从 1948 年建国以来就必须保护自己，以免遭好战的邻国和恐怖主义袭击的威胁。1956 年、1967 年、1973 年和 1982 年的战争和无数次小冲突，让以色列毫无选择，只能发展强大的国防工业。多年来，国防工业经过不断创新，从潜艇技术，海、陆、空和太空技术，到网络技术，许多企业已经成为全球领先的安保技术供应商。

下表介绍的是以色列著名国防和网络安全企业及创业公司的主要活动。

公司	业务
国防	
Israel Aerospace Industries	领先的军用、民用航空航天制造商，在戴维·哈拉里博士的领导下研制出首架现代无人驾驶飞行器（UAV）
Rafael	制造海、陆、空和太空用高科技防御系统。在以色列国防军研发展局局长丹尼·高德的领导下，该公司研制出铁穹防御系统，能够拦截和摧毁射向以色列的火箭弹
Elbit Systems	开发海、陆、空和太空综合作战系统。该公司研制的远距观测系统（LORROS），是一个可全天二十四小时提供远程监视的传感器系统
Aeronautics Defense Systems	生产无人驾驶飞行系统
Magna BSP	提供入侵检测、识别和追踪系统
Plasan	装甲车辆系统的领先制造商
网络安全	
Check Point	开创防火墙市场，专业从事 IT 安全保护
Altor	提供虚拟环境下监控和执行安全策略的解决方案；已被 Juniper 收购
Beyond Security	提供工具帮助管理网络安全漏洞
Algosec	提供网络安全策略软件
反诈骗	
Actimize	提供金融犯罪预防、合规性和风险管理解决方案；已被 Nice Systems 收购
Cyota	反诈骗软件厂商；已被易安信旗下的 RSA 公司收购

公司	业务
FraudSciences	专门开发在线交易验证和欺诈防范综合系统；已被易贝子公司贝宝收购
ClearForest	反诈骗公司；已被汤森路透集团收购
Intellinx	开发用于记录和分析终端用户行为的解决方案
BillGuard	提供个人理财安全服务，分析计费问题
Forter	为网上商家提供解决方案，通过行为分析实时识别欺诈性交易
AU10TIX	提供文档采集、验证和理解解决方案，以减少身份欺诈
Algorithmic Research	提供数字签名解决方案
Sentropi	结合设备指纹识别技术，为在线辨识和防范欺诈提供识别追踪解决方案
网站安全	
Trusteer	提供保障 SaaS 应用和敏感网页浏览器交易安全的解决方案；已被 IBM 收购
CyberArk	专注于特权账户安全的信息安全公司
Fireblade	为网上商家提供基于云计算的安全解决方案
Sentrix	针对各种威胁提供基于云计算的网站安全解决方案
Puresight	为家长开发防范互联网威胁的儿童保护工具
Imperva	提供网络和数据安全产品
Commtouch	提供防范垃圾邮件的技术解决方案
数据保护	
Varonis	开发数据管理技术
Adallom	帮助企业在 SaaS 环境下保障数据安全
Covertix	允许机密文件共享

续表

公司	业务
身份验证/访问管理	
SlickLogin	提供智能手机身份验证技术；已被谷歌收购
Idesia Biometrics	提供人类身份识别解决方案；已被英特尔收购
威胁智能感知	
Aorato	提供保护活跃目录服务的解决方案；已被微软收购
Cyvera	防范针对服务器的远程攻击；已被 Palo Alto Networks 收购
Seculert	提供基于云的恶意软件检测解决方案
FortScale	使安全团队能够运行大数据分析，保障网络安全
CyActive	根据仿生算法预测恶意软件的发展趋势
Morphisec	提供多层次的安全方法，防范对关键任务系统的攻击
TopSpin	识别正在进行的攻击
移动安全	
Discretix	为设备制造商提供嵌入式解决方案，确保硬件层、中间层和应用层的安全
Hermetic. io	提供移动存储库，保护相片、比特币等数字资产的安全
Cellebrite	为执法机构提供移动取证解决方案
物理安全	
Magal	提供物理安全、网络安全和现场管理解决方案
Nice	提供出色的安全智能解决方案，包括监视、录像和监控。其技术用于 2008 年北京奥运会的安保工作
Verint	提供领先的安全智能解决方案
Briefcam	开发视频摘要处理技术。在波士顿马拉松爆炸事件中用于识别恐怖分子
Visionic	电子安全系统供应商；已被美国泰科国际收购
Camero	开发能够穿墙透视成像的超宽带技术；已被韩国 SK 集团收购

四、数字媒体

自 20 世纪 90 年代以来，以色列数字媒体产业非常活跃，AOL 公司对 ICQ（即时通讯软件）的收购案尤其令人瞩目，同时也有数量众多的以色列初创企业被美国技术巨头收购。

下面列举的是从事数字媒体不同领域的以色列企业。

公司	业务
应用程序	
Waze	全球最大的社区化交通导航应用；已被谷歌收购
Onavo	移动数据优化；已被 Facebook 收购
Viber	电话及即时通讯软件；已被日本乐天收购
Dragon Play	游戏软件 Live Hold'em Pro，Wild Bingo 和 Farm Slots；已被 Bally 收购
Diwip	游戏软件 Best Power 和 Best Blackjack；已被 Imperus 收购
KitLocate	帮助用户把定位功能添加到 Android/iOS 系统的应用；已被 Yandex 公司收购
Moovit	基于社区的公共交通应用
GetTaxi	出租车预定软件
Pango	停车位移动支付应用
Slidly	软件用户在分享相片和视频时可以配上自己喜欢的音乐
Magistro	简化视频编辑
Glide	即时视频软件
365Scores	软件用户可以创建体育频道
Drippler	提供个性化新闻服务

续表

公司	业务
Seeking Alpha	提供财经分析和股市动态
eToro	提供社会交易服务
Perion Networks	提供移动应用和台式电脑获利解决方案
Crossrider	提供相当于大数据功能的解决方案
Appwiz	为开发者提供一系列移动应用获利工具
电子商务	
Shopping. com	领先的网上购物比价服务；已被易贝收购
Fiverr	为自由职业者提供市场平台
EatWith	提供一个能使潜在食客与东道主建立联系的平台；常被称为美食界的 Airbnb
Nipendo	提供基于云计算的平台，加强买卖双方合作
Tag'by	开发独特的解决方案，利用动态社会媒体平台丰富零售销售点终端系统
MySuper－market	帮助用户进行比价和网购
Upstream Commerce	提供零售价格信息
FeeX	帮助用户弄清楚并减少不同的金融账户收取的手续费
SundaySky，Idomoo	提供个性化视频体验
数字游戏	
Plarium	社交、移动和网页游戏的最大供应商
SideKick	为各种游戏平台开发游戏
JoyTunes	开发教育音乐游戏节目
TabTale	开发针对青少年儿童的手机游戏
888 Holdings，Playtech	网上赌博软件

续表

公司	业务
数字广告	
Matomy Media Group	全球领先的数字效果广告公司
XLMedia	全球数字出版商和营销公司
Marimedia	领先的数字广告获利企业
DoubleVerify	确保广告不会出现非法内容
MyThings	使大型商业品牌能够及时跟踪互联网用户并推销相关交易
Kenshoo	提供改善搜索引擎营销效果的平台
Taboola，Outbrain	内容推荐服务市场的佼佼者
TicTacTi	帮助游戏发行商和开发商通过在游戏具体内容中植入广告增加收入
Double Fusion	可以为 PC 和视频游戏机嵌入广告
TodaCell	专为移动广告商和出版商开发的移动广告网络
ClicksMob	软件开发商和流量供应商之间的附属网络中介
Ubimo	开发传输位置信息的移动广告平台，为用户提供先进的功能
YouAppi，Appnext	使内容提供商能够根据用户行为的相关性提供应用下载服务

五、半导体和电子元件

以色列一直处于半导体业前沿，其无晶圆厂商居全球领先地位。无数跨国企业受到以色列高水平专业技术的吸引，在以色列成立研发中心，包括英特尔、飞思卡尔（Freescale）、Marvel 公司和德州仪器。英特尔在以色列推出许多芯片组，例如奔腾处理器、迅驰、酷睿 2、Sandy Bridge 和 Ivy Bridge。著名的以色列企业包括服务器和存储连接解决方案供应商 Mellanox

和电子行业检测和成像系统领先企业奥宝科技。

以色列半导体行业主要活动详见下表。

公司	业务
半导体/电子元器件	
Anobit	闪存芯片设计厂商；已被苹果公司收购
Primesense	3D 动作感应设备开发商；已被苹果公司收购
Mellanox	为服务器和存储提供连接解决方案
Orbotech	世界领先的电子行业检测和成像系统供应商
多媒体/娱乐	
Zoran	开发用于娱乐和电子消费品市场的数字信号处理技术
SURF Com – munication	制造高密度多媒体 DSP 处理板
EyeSight	提供可操控各种设备的手势识别技术
Extreme Reality	为电子消费品 OEM 提供基于软件的远程免接触交互界面技术
ZRRO	用于触摸屏的近场 3D 多触点定位技术供应商
Corephotonics	开发用于增强光学变焦的双摄像头技术
Advasense	为照相手机市场提供 CMOS 图像传感器解决方案
Waves Audio	提供音频处理器插件
通信芯片	
Altair	开发单模 LTE 芯片组
Asocs	提供能执行各种通信标准的调制解调器处理单元
Precello	开发低成本的数字基频处理器；已被博通公司收购
Wilocity	开发的 WiFi 芯片传输速率极快，数据传输速度高达 7Gb/秒；已被高通收购
Celeno	开发用于高性能运营商级 WiFi 系统的组件和子系统

续表

公司	业务
其他	
Nova Measuring Instruments	专业提供度量解决方案
Ophir Optronics	专业生产仪器；已被 Newport 公司收购
Annapurna Labs	提供基于 ARM 的通信控制器
SolChips	把低功率电子设备整合到太阳能光伏发电系统

六、电信

以色列高科技产业一直处于通信和电信行业前列。高科技产业率先取得的许多突破性创新成为今天通信和电信行业的重要技术，例如 VoIP、WiMAX 和 TDMoIP。

跨国电信企业活跃于以色列，除了开设研发中心外，还收购了许多以色列公司，其中思科系统公司尤其突出，该公司共斥资 65 亿美元收购了 12 家以色列企业。其他强势进驻以色列的跨国企业有摩托罗拉、阿尔卡特－朗讯、博通、高通、亚美亚和三星。目前以色列国内的通信集团包括 RAD 和 ECI 电信。其他以色列通信行业公司也与许多领军企业联手并发展迅速。

下表所列仅仅是以色列通信行业所取得的一部分成就。

公司	业务
网络电话 VoIP	
Vocaltec	推出第一款商业手机软件，提供 PC 到 PC 的通信
Deltathree	VoIP 电话服务、产品和解决方案全球供应商
Jajah	基于 IP 的管理服务提供商；已被西班牙电信收购
AudioCodes	为语音网络提供基于分组的解决方案
Spikko	提供免费的 VoIP 电话
EIM Telecom	国际网络电话批发供应商
Call Me	网络电话和固定电话专家
视频会议	
Radvision	远程呈现和视频会议技术供应商；2012 年被亚美亚公司收购
Vidyo	多点视频通信软件
以太网	
Actelis Networks	以太网铜缆解决方案
Telrad	用于无线宽带连接的 LTE 产品
Fibrolan	为运营商、服务提供商和移动运营商开发综合接入系统和解决方案
ECI Telecom	为运营商级以太网和 IP 网络提供产品和解决方案
Orckit – Corrigent	电信网络设备的全球供应商
RAD	运营商级以太网接入解决方案
光纤网络	
ECI Telecom	为电信运营商提供全套网络解决方案
MRV	提供光纤传输解决方案
FiberZone Networks	为光纤和光纤网络基础设施开发智能解决方案
Packetlight Networks	提供多业务光纤传输和接入系统

续表

公司	业务
视频传输	
Giraffic	为在线视频服务商提供云视频加速服务
QWilt	为网络运营商提供扩容解决方案，从而改善用户体验
Contextrem	为视频/多网合一电信提供基于云的创新 IP 服务
Tvinci	提供跨平台解决方案，提升数字设备优质内容消费
Applicaster	为横屏电视体验提供白标播放解决方案
Imagine Com - munication	提供媒体软件和视频基础设施解决方案
LiveU	使用多个蜂窝连接其他数据网，提供便携式现场直播视频传输解决方案
网络/通信管理	
Allot Commu - nication	提供流量管理解决方案
Ortiva Wireless	为移动运营商提供专用视频优化网关，以较少宽带浪费
Oversi Networks	为互联网视频 P2P 提供富媒体缓存和内容交付解决方案
Radware	提供管理 IP 服务的解决方案
Intucell	蜂窝网络优化；已被思科收购
Ceragon，Radwin	世界领先的无线回程技术供应商，回程是从终端用户获取信息送回网络分发点的过程
Celtro	提供移动网络回程优化
Wintegra	为移动回程基础设施市场开发基于软件的解决方案；已被 PMC - Sierra 公司收购

七、信息技术（IT）和软件

以色列领先的 IT 服务企业有 Matrix、Malam Team、Ness 和 Taldor。这些企业关注不同的细分市场，专业提供全套 IT 解决方案服务，包括外包、软件开发、云端和网络安全咨询，在国际上活跃于欧洲、美洲和亚洲地区。

跨国企业通过收购许多以色列企业强势进驻以色列 IT 基础设施细分市场。主要的收购案包括惠普 2006 年斥资 45 亿美元收购 IT 管理领域企业 Mercury Interactive；IBM 收购存储公司 Storwize、XIV 和 Diligent；易安信收购数据保护企业 Kashya 和 Illuminator，以及网络管理企业 nLayers。易安信最重要的收购案是 2012 年斥资 4.2 亿美元收购存储系统公司 XtremIO。VWware 公司于 2011 年投资 1.2 亿美元收购 Digital Fuel，一家提供 IT 成本优化解决方案的以色列公司。

以色列的创新 IT 企业介绍详见下表。

公司	业务
IT 服务	
Matrix，Malam Team，Ness，Taldor	专业提供全套 IT 解决方案服务，包括外包、软件开发、云计算和网络安全咨询
IT 基础设施	
DensBits Technologies	为 NAND 闪存存储系统提供 IP 和控制技术
Reduxio	提供混合存储系统
Elastifile	为虚拟化数据中心和私有云提供融合存储解决方案
ScaleIO	专业开发提高服务器存储容量的软件解决方案；已被易安信公司收购
CTERA Networks	提供云存储网关
Zerto	开发用于数据中心和云环境的数据恢复和业务连续性软件
Precise Software	专业从事应用程序性能管理；已被 Veritas 公司（现为赛门铁克公司 Symantex）收购
Uppspace	提供防死机和性能监控解决方案
Digital Fuel，Fixico	提供基于 SaaS 的 IT 管理
dbMaestro	提供数据库变更管理解决方案
ScaleBase	解决数据库的可用性和可扩展性问题

在企业应用程序方面，许多跨国企业借收购以色列公司增强他们的专业技术水平。其中，微软收购 WebAppoint（在线调度）、YaData（数据挖掘）和 Gteko（支持自动化）；甲骨文收购 HyperRoll（商业智能）；SAP 于 2001 年斥资 4.4 亿美元从著名以色列企业家夏嘉曦（Shai Agassi）手中收购 TopTier。

以色列软件行业创新企业介绍详见下表。

公司	业务
软件	
Amdocs	提供各个领域的业务支持解决方案，包括计费、客户服务、销售和营销
Bio Nexus	提供用于实时质量控制的移动工作流处理软件
Captiza	提供用于将现有业务应用迁移到移动平台的云解决方案
ClickTale	用户体验分析解决方案
CloudShare	测试 IT 应用的云计算平台
Comverse	电信公司结算市场的全球领先企业
CVidya	营收保障和欺诈风险管理
EXAI	从 Facebook 页面创建网站
Experitest	手机测试解决方案
Magic Software	云端和应用平台解决方案
Mercury Interactive	性能应用解决方案
Nice	客户关系管理
Perfecto Mobile	通过互联网访问移动设备解决方案
Pontis	跨平台多渠道的个性化和情境营销
Radview	性能应用解决方案
Totango	大数据分析和分割
Valooto	基于云的协同销售参与平台
Verint	客户关系管理
Webydo	在线网站设计软件
White Source	基于云的开源生命周期管理
Wix	DIY 网站和发布解决方案
Worklight	数码设备的跨平台部署
Zend Technologies	率先推出 PHP 语言

八、生命科学

以色列的生命科学行业在过去十年里快速增长，目前在全球医疗保健业扮演非常重要的角色。以色列生命科学在商业上的成功，有赖于以色列学术研究实力、政府支持和资金投入的增加。

以色列在医疗器械、数字医疗保健和生物技术行业的领先企业详见下表。

公司	业务
医疗器械和数字医疗	
SHL Telemedicine	提供个性化远程医疗系统，主要关注心血管相关疾病
Aerotel	提供远程医疗解决方案
LifeWatch	开创了帮助医生检测和分析病人症状的技术
dbMotion	提供互联网医疗的保健互操作性解决方案；已被 Allscripts 公司收购
iMDsoft	为医院提供图形化病人临床信息系统
FDNA	提供面部畸形特征检测平台，从面部照片识别畸形模式
Night – Sense	提供非入侵性医疗设备，在夜间低血糖出现时实时提醒糖尿病患者
Mediscope	为重症患者陪护人员提供移动数字伴侣
Sweetch	提供检测和预防糖尿病的平台
Nutrino，MakeMyPlate，Fooducate	推广营养意识、饮食和健康的应用软件

续表

公司	业务
Biogaming, Physihome	活跃于对身体和神经系统疾病的诊断和治疗
Genoox, Genome Compiler	活跃于基因组学领域
Medical Opinion, Second Opinion	提供医患沟通平台
Essence, Medilogi	提供老年人口监测
Medcon	心脏和信息管理解决方案供应商；已被麦克森公司收购
Starlims	实验室信息技术套件开发商；已被雅培公司收购
生物技术	
Teva	开发治疗多发性硬化症和中枢神经系统紊乱的克帕松疗法，使复发缓解型多发性硬化症减少80%。Azilect 雷沙吉兰药物通阻断脑多巴胺分解治疗帕金森氏病患者
Exelon	帮助50%的阿尔茨海默症患者病情恶化推迟长达1年；药物由诺华公司开发
Regentis Biomaterials	开发一种创新的、可注射的合成凝胶，用于刺激骨骼修复
TheraVitae	开创心脏病革命性治疗方法，能够利用病人的干细胞重新生成心脏组织
Medinol	世界领先的心脏导管术创新支架制造商
Compugen	领先的药物开发公司，开创蛋白质和抗体疗法
RosettaGenomics	发现微核酸 RNA

九、其他专业领域

印刷

以色列在全球印刷业也表现出色，下表是该行业领先的以色列企业。

公司	业务
Scitex	大型数字工业印刷机；已被惠普收购
Indigo	数字胶印；已被惠普收购
Nur	宽幅数字喷墨打印机；已被惠普收购
Press－sense	为印刷服务供应商开发工作流和管理解决方案；已被 Bitstream 公司收购
Objet	全球领先的 3D 打印技术厂商；与美国 Stratesys 公司合并
Landa Corporation	由 Indigo 创始人本尼·兰达成立。最新发布基于纳米颜料的数字印刷术，可以在任何材料上印刷
Scodix	为平面艺术行业提供数字增加印刷机
DigiFlex	提供各种喷墨解决方案
Pzartech	提供创新的 3D 设计商城

十、金融技术

以色列在金融技术的专业技术吸引了大型跨国银行的注意，例如花旗银行和巴克莱银行，它们已经在以色列开设创新实验室。下表是以色列领先金融技术企业和创业公司的活动。

公司	业务
金融技术	
Sapiens	世界领先的保险业软件开发商
Fundtech	为金融机构提供现金管理和支付结算解决方案；已被美国 GTCR 公司收购
Traiana	提供场外交易外汇、衍生品和现股业务平台；已被 ICAP 经纪公司收购
Super – Derivatives	开发多种资产衍生品定价和风险管理工具；已被美国 ICE 洲际交易所收购
数字支付	
Credorax	为网上商家提供数字支付处理技术
Zooz	其平台缩短了支付流程
MyCheck	提供移动支付平台
Payoneer	通过提供预付借记卡简化企业支出
LogicalForm	为金融机构提供比特币结算系统
Hermetic. io	为手机相片或比特币等数字资产开发安全解决方案
交易工具/应用	
Final Israel	为交易者提供检测主要财务参数的综合软件工具，例如买入/卖出价、交易量
FMR Computers and Software	为证券交易所成员提供前、中和后端办公系统
TradAir	提供前端办公优化解决方案和算法交易
Strategy Runner	为算法交易解决方案提供服务器技术；已被 MF 环球金融控股收购
外汇	
TraderTools	为金融机构提供具有流动性聚集和定价引擎管理工具的交易平台
ForexManage	提供投资组合风险管理和网上交易平台
Surecomp	提供贸易融资和资金解决方案并与 SWIFT 确认对账

十一、汽车

以色列是一个热爱汽车和交通的国家，现在已经成为全球领先的汽车行业技术中心。以色列企业活跃于汽车行业细分市场，包括关注安全性的Mobileye，该公司提供先进的借助摄像头的驾驶辅助系统。Mobileye已经募集超过5亿美元私募基金（其中4亿美元来自高盛和摩根士丹利），2014年在纽约证券交易所上市，公开募集基金10亿美元。Mobileye开发的系统将被本田、宝马、福特、克莱斯勒和通用汽车公司的汽车整合使用。

下表是该行业的创新公司。

公司	业务
Mobileye	提供先进的带摄像头的驾驶员辅助系统
Brightway Vision	开发夜视技术，使夜间驾驶更加轻松
iOnRoad	利用智能手机的摄像头和传感器检测车前状况，在危险情况下发出警报
I4drives	使用智能手机功能增强驾驶体验和安全性
MobiWize	提供车辆连接，以降低维护成本，提升驾驶体验
Autotalks	无晶圆厂半导体解决方案，使车辆和基础设施之间的信息交流成为可能
Arilou	提供安全解决方案，阻止违禁信息发送至车辆控制器网络
Pointer Telocation，Ituran	提供基于位置的解决方案，追踪和找回被盗车辆
E - Drive Technology	提供车队管理和远程信息处理解决方案
Waze	全球最大的司机用户提供一手资料社交平台公司；已被谷歌收购

十二、能源管理

以色列公司是能源管理行业的领头羊，尤其是能源消费管理业。下表是该行业顶尖的企业。

公司	业务
StoreDot	已开发出基于纳米技术的新一代革命性电池，手机电池充电只需要一分钟，电动车电池充电预计只要三分钟
Powermat	提供无线充电板
Greenlet Technologies	通过奖励终端用户帮助公用事业公司控制电力消耗
Grd4C	通过分析智能数据最大化能源业务效率
PowerCom	为电力、自来水和天然气公司提供智能网线解决方案
Lightaap Technologies	开发工业能源管理解决方案
Meteo – Logic	提供基于大数据的供电和天气预报

十三、智能城市

以色列在智能城市行业也是全球领先，推动该行业创新的以色列企业如下。

公司	业务
LeanCiti	提供数据分析和可视化解决方案，使城市和居民对资源使用作出实时决策
MobilityInsight	优化智能城市实时交通管理
BreezoMeter	基于位置的应用程序，实时显示空气污染程度
Nisko Telematics Systems	专门为水利部门开发自动化仪表基础设施系统
Arad Metering Technologies	提供自动无线阅读系统

十四、大数据

以色列企业在大数据领域极其活跃，主要企业包括全景软件（Panorama），该公司主要提供基于 SaaS 的分析、报告和可视化设计工具；Alooma 提供具有简易数据转换界面的平台；C－B4 公司提供数据压缩和机器学习算法，能自动生成预测模型。

十五、产品生命周期管理

以色列在这个行业较为活跃。SmarTeam 是提供协同产品数据管理解决方案的公司，于 1999 年被市场领导者达索系统公司收购。VisualTao 是基于 Web 的计算机辅助设计（CAD）公司，2009 年被 Autodesk 收购。2015 年，USG（现属于西门子）收购 Tecnomatix，该公司开发数字化制造工艺规划与优化工具。

参考文献

关于以色列、中国和亚洲的资料数不胜数。我们撰写本书所使用的参考资料，包括一些重要的文章、出版物和书籍。

报纸、杂志和行业报告：

以色列银行

1. KPMG/IVC 研究中心

2. 标准普尔指数

3. 《福布斯》

4. 《国土报》

5. 《环球报》

6. 《金融时报》

7. 《经济学人》

8. 穆迪评级

9. 《市场人报》

10. 《外交官》

11. 《新消息报》

12. 《耶路撒冷邮报》

13. 《以色列时报》

14. 《以色列政府和部委》

出版物

15. 阿丁·施坦泽兹拉比：《阿伯特——犹太智慧书》，以色列塔木德出版物研究所。

16. 阿瑟·J. 多门：《法国人和美国人在印度支那的经历：柬埔寨、老挝和越南的民族主义和共产主义》，印第安纳大学出版社 2001 年版。

17. 艾尔弗雷德·埃德尔斯海姆：《提图斯摧毁耶路撒冷之后的犹太民族史》，克辛格出版社 2004 年版。

18. 埃泽·纳森：《新加坡犹太人历史（1830—1945）》，Herbilu 编辑 & 市场服务 1986 年版。

19. 奥尔帕·斯拉帕克：《印度犹太人：三个犹太社团的故事》，耶路撒冷以色列博物馆 2003 年版。

20. 奥伦·拉维夫、丹·亚钦：《ICT 行业评论》，以色列先进技术产业协会 2015 年版。

21. 拜拉·拉扎勒斯：《考山路的犹太人》，兰花设计公司 2004 年版。

22. 丹尼尔·J. 埃拉扎尔：《人与政体：世界犹太人的组织动态》，韦恩州立大学出版社 1989 年版。

23. 丹·塞诺、索尔·辛格：《创业的国度：以色列的经济奇迹》，美国外交关系协会 2009 年版。

24. 蒂贝留·魏斯：《开封石碑：中国古代犹太社团的遗产》，纽约 iUniverse 出版社 2006 年版。

25. 吉尔·迈克尔·巴夫曼、埃亚勒·拉茨、诺亚·哈格尔：《天然气在以色列经济中的潜力》，以色列国民银行 2014 年版。

26. 贾斯廷·科菲尔德、罗宾·科菲尔德：《新加坡百科全书》，稻草人出版社 2006 年版。

27. 鲁思·弗雷德曼－切尔内亚：《几乎是英国人：巴格达犹太人在英国》，缅甸列克星敦出版社 2007 年版。

28. 马克·阿夫鲁姆·埃尔利希（编辑）：《犹太人大流散百科全书：起源、经历、文化（第一卷）》，ABC－CLIO 2009 年版。

29. 曼努埃尔·特拉伊滕伯格：《以色列的研发政策：概述与重估》，特拉维夫大学 2000 年版。

30. 纳马·吉尔、拉茨·泰珀：《以色列经济部首席科学家办公室的基本法律法规框架》，《FCB 律师杂志》2014 年 1 月。

31. 纳森·卡茨：《谁是印度犹太人？——学马克锥基金会对犹太研究的影响》，加利福尼亚大学出版社 2000 年版。

32. 纳森·卡茨、埃伦·S. 戈德堡：《最后的印度和缅甸犹太人》，耶路撒冷公共事务中心《耶路撒冷通讯》1998 年版。

33. 帕梅拉·沙茨科斯：《神户：日本的犹太难民避风港（1940—1941）》，日本论坛，1469－932X，第二期第三卷（1991 年）。

34. 帕特里夏·M. 尼德尔（编辑）：《开封东门：中国境内的犹太世界》，明尼苏达大学中国研究中心 1992 年版。

35. 潘光：《中国与以色列——五十年双边关系（1948—1998）》，美国犹太委员会亚洲和环太平洋研究所 1999 年版。

36. 斯坦利·杰克逊：《沙逊家族：一个王朝的画像》，伦敦海尼曼出版社 1968 年版。

37. 徐新：《中国开封犹太人：历史、文化及宗教研究》，KTAV 出版公司 2003 年版。

38. 雅各布·阿巴迪：《以色列寻求亚洲的认可与接纳：驻军国家外交》，罗德里奇出版社 2004 年版。

译后记

去年十月黄金周假期的一个清晨，深圳的一个朋友约我和她的以色列朋友在深圳的一家咖啡店见面。九点整，当我如约抵达见面地点时，发现咖啡店还没开门营业，深圳的朋友也还没到，但已经有一个外国面孔的人，手捧一本蓝色封面的书籍在咖啡店门口等候。这个外国人就是我要见的以色列朋友，那本蓝色封面的书就是英文版的《以色列与中国——从丝绸之路到创新高速》。

相互自我介绍之后，我得知这个新认识的以色列朋友不仅是一家总部在香港的家族办公室的创始人，还是他手上那本书的联名作者，而且有一个很地道的中文名字：马飞聂。如果说一大早就能从香港及时赶上在深圳九点钟的约会，已经让我对马飞聂的勤奋顿生敬意的话，他随即送给我的有他签名的书，更是让我受宠若惊了。不知道是为了表示谢意，还是因为太喜欢刚到手的这本书的书名，或者两者都是，我当即贸然提出可以把该书翻译成中文，并尽快在中国出版。

感谢马飞聂和他的合作伙伴莱昂内尔·弗里德费尔德先生的信任，我很快就获得了他们的书面授权，负责他们合著的《以色列与中国——从丝绸之路到创新高速》一书的中文翻译、出版和营销的相关事宜。在联系出版社的过程中，我得到了人民出版社责任编辑刘恋女士的快速反应和积极支持，到 12 月 15 日，人民出版社不仅与两位作者签署了中文版的出版合同，还和我签订了委托翻译合同。

由于我身陷繁忙的全职工作，只能忙里偷闲和利用节假日的时间翻译书稿。承蒙亲朋好友无私的帮助和支持，我得以在出版社约定的交付期限提前近一个月交稿。这当中，我要特别感谢在广州从事翻译教学和实践的祝惠娇老师，她的专业造诣和敬业精神对我的翻译初稿贡献良多！可以毫不夸张地说，没有祝老师的帮助，我可能按时完成译稿都有困难，更不用说提前交付了。其次，我要感谢多年的老朋友、资深领导力教练和行为学研究者金伯扬，他充分发挥当过媒体社长和总编辑的丰富经验和深厚底蕴，在表扬我"翻译得非常专业，几乎挑不出语句毛病"的同时，还是在百忙之中认真校对全稿并发现了几点疏漏之处。最后，我把由衷的谢意留给我逾三十年的伴侣刘佩彤，她不仅一如既往地承担了所有的家务杂事，让我有更多的时间专心致志地翻译书稿，她还是我中文译稿的第一个忠实读者和挑剔的审译员。

在翻译书稿的过程中，我惊喜地发现自告奋勇要把这本书翻译成中文的初衷，其实不仅有利于原作者，有助于不能阅读英文原著的国人，对我自己也极有裨益。多年来我对以色列的创新和犹太人的智慧充满了好奇之心和敬佩之情，但对个中原因始终都是一知半解。甚至刚开始的时候喜欢这本书的书名也不过是因为它把"一带一路"和"大众创新，万众创业"两大国策完美地融为一体。至于为什么两个犹太人写一本关于以色列与中国的书要和中国的两大国策沾边，我也讲不出个所以然。随着阅读和翻译的不断展开，以及和以色列朋友马飞聂的深入交流，我很快就找到了上述问题的答案，还萌发了尽早亲历以色列，见证传奇，验证谜底的想法。期盼本书中文版的发行，使更多和我一样想深入了解以色列的国人也能通过阅读本书，找到自己满意的答案。

虽然当过专职翻译，由于近三十年基本上都在从事保险和企业管理工作，我的翻译技巧可能变得比较生疏，加上对日新月异的科学技术缺乏全面了解，本书的中文翻译难免还有不尽如人意的地方，希望广大读者多多包涵，不吝指正。

博　士
美荻康健康管理咨询国际公司中国总裁　　彭德智

2016 年 4 月 23 日于深圳